Bachblüten und Enneagramm

Eliane Ganem

Bach-Blüten und
Enneagramm

Aus dem brasilianischen Portugiesisch
von *Susanne Reichert*

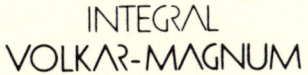

INTEGRAL
VOLKAR-MAGNUM

Die Deutsche Bibliothek – CIP-Einheitsaufnahme

Ganem, Eliane:
Bachblüten und Enneagramm / Eliane Ganem. Aus dem
brasilian. Portug. von Susanne Reichert. – Dt. Erstausg.,
3. Aufl. – Wessobrunn : Integral, Volkar-Magnum.,1996
Einheitssacht.: Os florais do Dr. Bach e o eneagrama <dt.>
ISBN 3-89304-073-0

–   3. 4. 5. 6. Auflage, 1997 1996   –
(Die äußeren Ziffern zeigen Auflage und Auslieferungsjahr an)

Deutsche Erstausgabe – veröffentlicht als *Lebens*Reiseführer
Copyright © 1993 by Integral. Volkar-Magnum. Verlagsgesellschaft mbH.
Schloßbergstraße 15, D-82405 Wessobrunn
Das Werk einschließlich aller seiner Teile ist urheberrechtlich geschützt.
Alle Rechte, auch die der auszugsweisen Vervielfältigung,
gleich durch welche Medien, vorbehalten.
Published by arrangement with H. Katia Schumer,
Literarische Agentur, Rio de Janeiro
Titel der Originalausgabe: Os Florais do Dr. Bach e o Eneagrama
© 1992 by Eliane Egpy Ganem
© 1992 Echter Verlag, Würzburg, für die Fragebögen
zum Enneagramm aus:
Beesing, Nogosek, O'Leary: Das wahre Selbst entdecken

Lektorat: Angela Kuepper
Umschlaggestaltung: Zembsch' Werkstatt, München
Umschlag-Litho: Lange-Repro, Kaufbeuren
Satz: Vollnhals Fotosatz, Mühlhausen
Druck und Binden: Clausen & Bosse, Leck
Herstellung: Rainer Höchst, Dießen
Printed in Germany
... auf chlorfrei gebleichtem Papier

ISBN 3-89304-**073**-0

Inhalt

Vorwort

Als ich das erste Mal mit den Bach-Blüten-Essenzen in Kontakt kam, merkte ich, daß ich einen wertvollen Schatz in Händen hielt, viel wertvoller, als es mich meine intellektuelle Auffassungsgabe erkennen ließ. Ich begann mich selbst zu behandeln. Am Anfang war ich auf der Suche nach körperlichem und emotionalem Wohlergehen, doch bald fand ich heraus, daß die Blütenmittel meine Erwartungen weit übertrafen. In manchen Augenblicken hatte ich außerordentlich angenehme und unvergeßliche Erlebnisse, die ich der Verbindung mit einer höheren spirituellen Ebene zuschreibe. Zu anderen Zeiten sah ich mich dem intensiven, engen Kontakt mit dem ausgesetzt, was wie in der tiefsten Tiefe eines Brunnens verborgen lag. In all diesen Momenten jedoch behielt ich mein Bewußt-Sein und mein Standvermögen, denn ich wußte ja, daß das, was mit mir geschah, die Frucht, das Ziel eines langen Weges war, der nun auch die Bachblüten einbezog.

Ich begann mit den Blütenmitteln an mir zu experimentieren. Manche Versuche erwiesen sich als frustrierend, andere jedoch entpuppten sich vor meinen Augen als zauberhaft. Schon zuversichtlicher geworden, begann ich nun, Menschen, die mich aufsuchten, auf diesen Weg zu lenken, und bis auf wenige Ausnahmen wandte ich die Bachblüten erfolgreich an. Anfangs brachte ich noch das Tarot in die Diagnose ein und später dann das Enneagramm.

Vor einigen Jahren hatte ich die Ehre, unter der Leitung von Claudio Naranjo einen Kurs über das Enneagramm zu machen, das Sufi-Meister seit zweitausend Jahren zur Initiation der Schüler verwenden und das unsere Persönlichkeitstypen sichtbar macht. Vieles von dem, was ich über mich selbst in Erfahrung bringen konnte, ist ein Ergebnis dieser Arbeit, an die ich mich gern und voller Liebe erinnere.

Indem ich Bachblüten mit dem Enneagramm verband, begriff ich plötzlich ganz genau, was ich da tat: In Wahrheit nämlich war ich das Instrument, das dazu diente, das zu konkretisieren, wofür schon im tiefsten Inneren eine Keimzelle angelegt war.

Die Bachblüten im Zusammenhang mit dem Enneagramm zu sehen heißt, einen großen, raschen und sicheren Schritt zu der Harmonie hin zu machen, die wir bei der Suche nach uns selbst auf körperlicher, geistiger und seelischer Ebene erreichen können. Es gibt zahlreiche Behandlungsmethoden im Zusammenhang mit den Bachblüten, aber alle beziehen sich einmütig auf den spezifischen Augenblick, d. h. allgemeine Krisensituationen, in denen der „Patient" sich befindet.*

Ich versuchte darüber hinauszugehen. Wenn ich Bachblüten und Enneagramm miteinander in Verbindung bringe, so geschieht das in der Absicht, die Persönlichkeit (und folglich auch den physischen Körper) eines jeden zu behandeln und zu heilen.

Das Enneagramm sieht ebenso wie die Bachblüten – direkt oder indirekt – unsere Persönlichkeit als ein Ganzes. Eine Verknüpfung zwischen Enneagramm und Bachblüten herzustellen bedeutet, unsere Einzelteile wieder zusammenzufüh-

---

* Einige Begriffe, die hier verwendet werden, können ebenso auf die traditionelle allopathische Medizin wie auch auf die holistische Medizin und auf alternative Therapien bezogen werden. Das ist die Synthese, die zu Beginn dieses neuen Zeitalters und dieser neuen Menschheit notwendig wird.

8

ren. Aber es sind dann keine Teilchen eines unentzifferbaren Mosaiks mehr, sondern die eines vollkommenen Gefäßes aus feinem verziertem Porzellan.

So erinnert diese Synthese an eine alte Sufi-Parabel: „Es geht die Geschichte, daß einmal ein König den Entschluß faßte, Farid, einen bedeutenden Sufi-Mystiker, zu besuchen. Als Geschenk hatte ihm der König eine wunderschöne Schere aus Gold mitgebracht, die sogar mit Diamanten verziert war – ein wertvolles, sehr seltenes, ja einmaliges Stück. Der König berührte Farids Füße als Zeichen seines Respekts und seiner Hochachtung und überreichte ihm die Schere.

Farid nahm die Schere in die Hand, betrachtete sie und gab sie dann dem König zurück mit den Worten: ‚Herr, habt vielmals Dank für das Geschenk, das Ihr mir mitbrachtet. Es ist ein wunderschöner Gegenstand, aber völlig nutzlos für mich. Es wäre besser, wenn Ihr mir eine Nadel geben könntet. Eine Schere brauche ich nicht, eine Nadel allein reicht schon aus.'

Der König verstand Farids Worte nicht. Deshalb sagte er: ‚Ich verstehe dich nicht. Wenn du eine Nadel brauchst, dann brauchst du doch auch eine Schere.'

Der Meister antwortete: ‚Scheren zerschneiden Dinge in Stücke, eine Nadel verbindet sie. Ich unterweise die Menschen in der Liebe. Indem ich Dinge miteinander verbinde, lehre ich gleichzeitig die Gemeinschaft unter den Menschen. Scheren sind nutzlos: Sie schneiden, sie trennen. Wenn Ihr das nächstemal wiederkommt, Herr, genügt es, wenn Ihr eine Nadel mitbringt.'"

Während meines Arbeitsprozesses begann ich Gegebenheiten aneinanderzureihen und zu verknüpfen, die mir zu keiner

Zeit getrennt erschienen. Diese Gegebenheiten selbst waren es, die mir die Richtung und Orientierung wiesen. Ich kam zu einer blitzartigen, klaren und direkten Erkenntnis; alles fügte sich perfekt zusammen. Von dieser Warte aus war es nur ein Schritt zur Anwendung dieses einfachen, aber zutiefst wirkungsvollen Systems.

Hier ist also das Ergebnis dieser Arbeit. Ich habe versucht, mich so einfach und präzise wie möglich auszudrücken. Ich glaube, daß die Beschäftigung mit dem Enneagramm durch ergänzende Lektüre vertieft werden sollte, um die verschiedenen Aspekte, die ich aufgezeigt habe, noch mehr zu beleuchten und das Verständnis für jeden „Ich-Typ" zu erleichtern. Hier bin ich dem Enneagramm der Sufis treu geblieben, worin ich unterwiesen wurde. Mehr noch als ein vollendetes Produkt soll dieses Buch eine Einladung sein, die aufgezeigte Methode selbst zu erproben. Dies richtet sich an all jene, die sich der Heilung widmen, und insbesondere an die Anwender von Bachblüten.* Ich weise nur auf *einen* der Wege hin, auf dem man erfolgreich zu den Bachblüten gelangt. Was darüber hinausgeht, hängt von jedem einzelnen ab.

---

* Anm. d. Herausgeber: Dies stellt keine Aufforderung zur Ausübung einer Heiltätigkeit dar – wer andere heilen will, hat die Verantwortung, sich über gesetzliche und andere Voraussetzungen selbst zu informieren.

1
Einleitung

„Auf den Augenblick achten" – das ist der Kern der Arbeit mit dem Enneagramm, die auf Selbstbeobachtung beruht.

In Wahrheit erleben wir nämlich nicht den gegenwärtigen Augenblick. Wenn wir beispielsweise in einer Warteschlange in der Bank stehen, stehen wir nicht wirklich dort, sondern wir halten uns an all den Orten auf, an die uns unsere Gedanken bringen. Erstens, weil wir grundsätzlich jede Warteschlange ablehnen, und zweitens, weil Denken eine Eigenschaft unseres Kopfes ist.

Wenn wir genauer hinsehen, so bedeutet Gedanke Bewegung. Wir stehen in der Schlange, aber es ist so, als kämen und gingen wir im Rhythmus von Wogen, die uns in weit entfernte Welten tragen. Normalerweise denken wir an die Vergangenheit – ob nun zehn Jahre oder eine Sekunde vergangen sind. Wir projizieren unsere Gedanken auch in die Zukunft, als wären unsere Wünsche und Träume, unsere Befürchtungen und Zweifel ein Schlachtroß, das uns weit weg von der Eroberung der Wahrheit trägt, die wir im gegenwärtigen Moment machen. Aber was gibt es in einer Warteschlange in der Bank zu erobern? Das ist sicherlich die Frage, die uns in diesem Moment am wenigsten beschäftigt.

In Wirklichkeit ist es praktisch unmöglich, an die Gegenwart zu denken. In der Gegenwart *handeln* wir. Wir wandeln unsere Handlungen nicht in Gedanken um; wir sollen handeln und nicht denken. Denken bedeutet in gewisser Hinsicht, Handlungen zu ersetzen. So haben unsere Träumereien oftmals etwas Unrealistisches an sich, allein schon deshalb, weil wir viel Energie aufbringen müßten – vielleicht mehr, als wir eigentlich möchten –, um das zu erreichen, was wir uns vorstellen. Und so ersetzen wir immer wieder auf unbestimmte Zeit unsere Handlungen. Nicht, daß wir unsere Träume nie verwirklichen würden – das ist hier nicht die Frage. Aber diese Träume entsprechen nicht einmal immer unseren aktuellen Forderungen. Sie entstanden in weit zurückliegender Vergangenheit, zu einer Zeit, in der wir andere Bedürfnisse hatten. So werden diese Wünsche heute aus einer Art Anhänglichkeit an Gewesenes, aber nicht mehr aus intensiv verspürter Freude heraus verwirklicht.

Wir tragen – oftmals ohne es zu wissen – etwas mit uns herum, das uns nichts mehr angeht. Unser Tun, unsere Träume und Worte sind zwar auf die Gegenwart gerichtet, aber wir renovieren lieber unser Haus oder reparieren unser Auto in der trügerischen Annahme, auf diese Weise etwas für uns selbst zu tun, statt im Jetzt zu denken. In einer solchen Lage merken wir nicht mehr, daß wir immer wieder dieselben alten Antworten auf Situationen haben, die – obwohl sie unterschiedlich scheinen – den Konstellationen aus weit zurückliegender Vergangenheit entsprechen. Deshalb reagieren wir identisch auf alle Situationen, angenehm oder unangenehm, die sich ergeben können. Je nach unserem Persönlichkeitstyp werden wir uns in unangenehmen Lagen entweder anpassen, auflehnen oder zurückziehen. In den für uns angenehmen Situationen, zum Beispiel wenn wir einen Freund sehen, der uns sehr nahesteht, haben wir sofort ein Klischee vor Augen – etwa die Erinnerung an die schönen Momente, die wir zusammen verbracht haben –, auch wenn diese Bilder nicht deutlich an die Oberfläche dringen. Dasselbe geschieht, allerdings weniger positiv, wenn wir diesen unsympathischen

Nachbarn sehen, mit dem wir vor einigen Tagen gestritten haben. Und da wir nicht zulassen, in der Gegenwart zu leben, hindern wir auch die anderen daran, sich im Umgang mit uns auf die Gegenwart zu konzentrieren. Wenn unser Freund sich anders verhält, als wir es erwarten, stellen wir uns gleich vor, in welcher schwierigen Situation er gerade stecken mag. Wenn uns hingegen jener Nachbar freundlich grüßt, so horchen wir auf, denn es könnte ja sein, daß sich hinter dieser harmlosen Geste eine böse Absicht verbirgt. Uns kommt es nicht in den Sinn, daß der andere eben heute so reagiert, weil heute nicht gestern und auch nicht morgen ist. Wenn jemand heute so ist, wird er morgen bestimmt anders sein.

Das trifft auch auf uns zu: Heute sind wir so, weil heute heute ist. Wir können fröhlich in der Warteschlange in der Bank stehen, weil wir einfach nicht dasselbe zu empfinden brauchen wie an vergangenen Tagen, als wir uns anstellten. Mit anderen Worten, wir brauchen auf die Warteschlange nicht immer gleich zu reagieren, nur weil die Schlange für uns zu eintöniger Routine wurde, zu einem Ort, an dem wir immer dieselben Gedanken, dieselben lästigen Begegnungen mit Menschen haben. An einem Ort auf eine völlig neue, einzigartige Weise zu sein, das ist eine wahre Eroberung, die uns in die Gegenwart lenkt.

Wir betrachten Bäume mit den Augen von gestern oder morgen. Deshalb sehen wir weder ihre Blätter noch die eigenartige Struktur ihrer Stämme oder die einschmeichelnde Bewegung ihrer Kronen, die uns gefangennimmt. Wir betrachten den strahlenden Tag und merken nicht, daß er heute ganz anders als gestern ist. Wir erkennen durch die Enge unserer Sichtweise und unserer Gedanken nicht den Überfluß in diesem reichen Leben, welches uns etwas enthüllen will, das doch sogar ein Blinder sehen könnte…

Ähnlich reagieren wir auch in unseren Erkrankungen: nicht auf die Gegenwart bezogen. Wie viele Menschen schleppen seit Jahren dieselbe Krankheit mit sich herum! Wie ist das nur möglich, wo sich doch unsere Zellen von Zeit zu Zeit komplett erneuern? Natürlich können wir zu dem Schluß kommen, daß jeder Erneuerung unseres Verstandes ein neues Leiden entspricht. Diese Möglichkeit weise ich nicht von der Hand, ebensowenig wie ich die Möglichkeit, gesund zu sein, ablehne. Aber an ein und derselben Krankheit jahrelang zu leiden ist ein Zeichen für völlige Stagnation. Es mag vielleicht unglaubwürdig erscheinen, aber wenn wir uns im Hinblick auf unseren Verstand, auf unser Leben als Ganzes der Gegenwart zuwenden, dann wird das auch unser Körper tun. Es gibt Fälle von Heilung, die diese Tatsache untermauern können.

Und genau damit wollen wir uns hier beschäftigen: Das Enneagramm und die Bachblüten zu benutzen bedeutet, unser Gepäck von Ballast zu befreien, in den Schränken sauberzumachen und das alte Zeug, den Staub, Vergangenes und Unzeitgemäßes hinauszuräumen.

Das Interessante an der Geschichte ist, daß diese Aufräumaktion vor zweitausend Jahren von unseren Vorfahren schon einmal gemacht wurde. Entweder hat sich seitdem die Erde nur wenig entwickelt, oder wir hinken in diesem ungebremsten Rennen auf der Suche nach Fortschritt und Postmodernität hinterher.

2
Die guten Eigenschaften des Ichs beim Enneagramm und den Bachblüten

Das Enneagramm entstand vor etwa zweitausend Jahren in Afghanistan und wurde von Sufi-Meistern bei der Initiation ihrer Schüler angewendet.* Es ist ein Arbeitsprozeß, der das Studium einer jeden Persönlichkeit mit einbezieht, und kann uns dabei das vor Augen führen, wovor wir bei uns selbst am meisten Angst haben. Das Enneagramm ist eine – keineswegs immer angenehme – Reise nach innen. Daher müssen wir es mit größter Sorgfalt und Umsicht bei uns selbst und den Menschen anwenden, die wir beraten.

Wir alle entwickeln starke Verteidigungsmechanismen, die oft auch für unser Überleben und Wohlergehen auf der Welt notwendig sind. Bei der Arbeit mit dem Enneagramm heißen diese Mechanismen „Antriebskräfte". Anders gesagt handelt es sich um jenes Verhaltens- und Denkmuster, das so tief in unserem Wesen verwurzelt ist, daß wir es mit unserer wahren Identität verwechseln und immer in gleicher Weise handeln und denken. Unsere Antriebskraft zu entdecken bedeutet, unsere Freiheit zu entdecken.

---

* „Auf der Welt sein, aber nicht von ihr sein, frei von Ehrgeiz, Begierde, intellektuellem Stolz, blindem Gehorsam gegenüber Gewohnheiten oder frei von der ehrfurchtsvollen Scheu gegenüber Personen in höheren Positionen", das ist das Ideal der Sufis. Es ist schwierig, Sufismus zu definieren. Man kann sagen, daß er eine bestimmte Einstellung zum Leben ist, die ein Bäcker ebenso wie ein Herrscher haben kann. Weit davon entfernt, eine Sekte oder Religion zu sein, kann man die Sufis als ein Volk der Tradition bezeichnen, das auf der ganzen Erde verstreut ist und dessen Angehörige man allein am „Talent, den Gewohnheiten oder Eigenschaften ihres Denkens und Handelns erkennt".[1]

Auch die Bachblüten behandeln unsere Antriebskraft. Jedoch liegt unsere Freiheit bei den Blüten-Essenzen in einem Glasfläschchen, aus dem wir für eine bestimmte Zeitdauer Tropfen um Tropfen einnehmen müssen. Deshalb finden die Bachblüten mehr Anklang bei denjenigen, die sich noch davor fürchten, die Verantwortung für ihr eigenes Wachstum selbst zu übernehmen.

Mit der Verbindung von Bachblüten und Enneagramm jedoch verstärken wir unsere Absicht, uns zu befreien. Diese Tatsache kann den Menschen, die wir beraten, klar sein oder auch nicht. Der Wunsch nach Befreiung ist nicht zwingend notwendig, denn wir wollen bei niemandem die Arbeit mit dem Enneagramm „anwenden": Dies ist ein Arbeitsprozeß, der nur dann eine Wirkung hat, wenn jeder einzelne für sich danach sucht. Wir werden das Enneagramm lediglich als Orientierung für unsere Diagnose, als Hilfe zur Identifizierung der charakteristischen Antriebskraft bei einer bestimmten Persönlichkeit heranziehen. Den Rest bewirken die Bachblüten.

Wir können nicht erwarten, daß alle bereit sind, sich mit Hilfe des Enneagramms zu betrachten. Aber wir können wie die Bachblüten vielleicht einen Weg in diese Richtung weisen.

Unbestreitbar schützen wir uns vor jedem nur möglichen äußeren Angriff auf unsere Antriebskraft. Wir glauben, daß sie das am besten strukturierte Gerüst unserer Persönlichkeit darstellt. Das Gefühl bei einem Angriff auf sie ist, daß wir glauben zusammenzubrechen, so wie es die 16. Tarotkarte, „Der Turm", symbolisiert. Tarotkenner wissen, auf welche Art von Gefühl ich mich beziehe. Die Arbeit mit dem Enneagramm kann man auch als Arbeit an unserer Antriebskraft mit Hilfe der Energie des „Turms" betrachten. Für den, der das

Tarot nicht kennt, genügt es, sich vorzustellen, er befände sich in einem Flugzeug, dessen Boden plötzlich verschwindet.

Auch im Fall der Selbstbehandlung können wir das Enneagramm als Hilfe bei der Diagnose unserer Persönlichkeit benutzen. In diesem Fall müssen wir dieselben Kriterien anwenden, die für andere gelten, aber mit einer doppelten Portion Urteilsvermögen und Aufrichtigkeit. Sicherlich ist es ziemlich schwierig zu entdecken, daß das, was wir am meisten an uns lieben, in Wahrheit unser Gefängnis, die Antriebskraft ist, die uns uns selbst entfremdet. Deshalb müssen wir bei der Eigenbehandlung einen engen Freund oder nahen Verwandten zu Rate ziehen, der uns dabei hilft, an uns das zu sehen, was wir nicht wahrnehmen wollen.

Da die Antriebskraft eine Überlebensstrategie darstellt, ist sie auch eine Flucht vor Gefühlen, die wir nicht zu besitzen glauben. Wir tappen in Fallen, die wir uns selbst stellen, und unsere einzige Chance, uns zu befreien, liegt in der Fähigkeit, Eigenschaften zu entwickeln, die unsere Antriebskraft ausschalten. Das ist das Ziel, das wir vor Augen haben müssen, wenn wir uns und anderen bei der Überwindung von Problemen helfen wollen. Die *guten Eigenschaften* einer Persönlichkeit in den Vordergrund zu rücken, brächte uns nicht zum Ziel. Mit der Absicht, schnell zum Wesentlichen vorzustoßen, müssen wir wachsam bleiben gegenüber den negativen Aspekten einer jeden Persönlichkeit. Dies ist eine weniger schmerzliche, dafür um so wirkungsvollere Behandlungsmethode – sowohl mit dem Enneagramm als auch mit den Bachblüten.

Wie Dr. Bach selbst in seinen wenigen, aber überragenden Schriften betonte, stehen uns die Bachblüten für unser Wohlergehen und unsere Entwicklung zur Verfügung. Er sagt, daß der Prozeß der Selbstheilung und der Selbsterkenntnis ein Recht aller Menschen sei, besonders mit Hilfe einer Medizin, die weder ausschließt noch ausgrenzt, sondern die aufgrund ihrer einfachen Struktur in den Händen einer achtsamen Person große Wirkung haben kann. So verhält es sich auch mit dem Enneagramm. Während die Bachblüten auf subtileren Ebenen den physischen Teil behandeln, bearbeitet und behandelt das Enneagramm die Persönlichkeit in ihrer psychischen (und damit fast immer pathologischen) Manifestation. Beiden gemeinsam ist die Beschäftigung mit dem Persönlichkeitstyp. Und abhängig davon, wie die Persönlichkeit mit der äußeren Welt kommuniziert, kann sie selbst Auslöser für physische und/oder psychische Krankheiten sein.

Die Verbindung Enneagramm–Bachblüten bei der Diagnose von Krankheiten bedeutet also zunächst einmal, ein Individuum als Wesen zu behandeln, das über ein Ich verfügt (welches es beeinflußt) und damit auch in der Lage ist, spezifische physische Reaktionen hervorzurufen, die wir Krankheit nennen.

Zum besseren Verständnis wollen wir uns nun an die Theorie von Dr. Bach halten. Für ihn besitzt der Mensch eine Seele, die sein wirkliches Ich ist. Wenn wir auf die Welt kommen, ist es unsere oberste Aufgabe, diese Seele weiterzuentwickeln. Mit anderen Worten: Wir haben das Bedürfnis, während unseres Aufenthalts auf der Erde so viele Erkenntnisse und Erfahrungen wie nur möglich zu sammeln. Wir haben den inneren Wunsch, gute Eigenschaften zu entwickeln und die Fehler zu verachten, die wir mit uns herumtragen – dies alles mit dem Ziel, unsere innerste Natur anzurühren. Der Aufenthalt auf diesem unserem Planeten ist nur ein kurzes Aufblitzen im Verlauf unserer Evolution.

18

Wie Dr. Bach in „Heile Dich selbst" sagt: „... solange unsere Seele und unsere Persönlichkeit in Harmonie sind, [ist] alles Freude und Frieden, Glück und Gesundheit. Ein Konflikt taucht erst dann auf, wenn unsere Persönlichkeit abseits von dem Pfad geführt wird, der von unserer Seele festgelegt wurde. Dieser Konflikt ist die Wurzel der Ursache von Krankheit und Unglück."[2]

Die Erkenntnis der Einheit aller Dinge und die Einsicht, „daß der Schöpfer aller Dinge Liebe ist"[3], führt uns zur Erfahrung unserer Natur. Wenn wir uns von diesem licht- und friedvollen Kern entfernen, so entfernen wir uns von uns selbst und schaffen uns all das Unglück, an dem wir leiden.

In Wahrheit ist die Krankheit unser Verbündeter. Durch sie und gerade ihretwegen können wir erkennen, was uns fehlt und was uns ängstigt. Wenn wir uns der Krankheit mit der Einstellung zuwenden, sie nicht abzulehnen, sondern anzunehmen und von ihr zu lernen, haben wir schon die Hälfte des Weges zur Gesundung zurückgelegt. Aus den Anzeichen abzuleiten bedeutet auch, aus unserem Körper herauszulesen, was sich in unserer Seele abspielt. Unser Körper besitzt ein Wissen, das mit dem Göttlichen, das uns innewohnt, in Verbindung steht. Was wir an unserem Körper ablehnen – unseren übelriechenden Schweiß, unsere Exkremente, unsere Gase, unsere Menstruation –, sind in Wirklichkeit Anzeichen für Leben und Gesundheit.

Dr. Bach zählt die wirklich grundlegenden Krankheiten des Menschen auf. Für ihn sind Stolz, Gewalt, Haß, Egoismus, Ignoranz, Wankelmütigkeit und Ehrgeiz Schwächen, die nicht im Einklang mit der Ur-Einheit des Seins stehen und die wahren Krankheitsverursacher sind. „Zum Beispiel wird Stolz, der Arroganz und Starrheit des Gemüts ist, jene Krankheiten entstehen lassen, die Starrheit und Steifheit des Körpers hervorrufen. Schmerzen sind das Ergebnis von Grausamkeit, wobei der Patient durch das eigene Leiden lernt, es nicht anderen zuzufügen, sei es vom physischen oder vom mentalen Standpunkt aus. Die Strafen des Hasses sind Einsamkeit, gewalttätiger unkontrollierter Charakter, nervliche Belastungen des Gemüts und hysterische Ausbrüche."[4]

Egoismus stürzt uns in Neurose und unkontrollierbare Nervosität. Kurzsichtigkeit und andere Sehfehler sind das Ergebnis von Ignoranz und unserer Unfähigkeit, die eigenen Probleme zu sehen. So kann geistige Wankelmütigkeit Dysfunktionen in unserem Antriebszentrum mit sich bringen, aber insbesondere können diese sich in unsicheren Arm- und Beinbewegungen äußern. Man braucht sich nicht zu wundern, daß Infarkte und andere Herzkrankheiten von der Schwierigkeit herrühren, die ein Großteil der daran leidenden Menschen mit der Liebe hat.

Dr. Bach selbst weist auf die wichtigste Lösung hin, die uns auch diejenigen zeigen, die das Enneagramm konzipiert haben. Er sagt: „Und doch gibt es keinen Grund zur Niedergeschlagenheit. Die Verhütung und die Heilung von Krankheit kann erreicht werden, wenn wir in uns das entdecken, was falsch ist, und diesen Mangel durch ernsthafte Entwicklung jener Tugend entwurzeln, die ihn zerstören wird; nicht indem das Falsche bekämpft wird, sondern durch das Hereinbringen einer solchen Flut der ihm entgegengesetzten Tugend, daß es aus unserem Wesen hinweggefegt wird."[5]

Im Besitz dieser Orientierungshilfe, die wir sowohl bei den Bach-Blütenmitteln als auch beim Enneagramm finden, haben wir nun den Kurs festgelegt, dem wir folgen müssen, um – ausgehend vom Enneagramm – unseren vorherrschenden

Ich-Typ zu überwinden. Durch das Verständnis für unsere Antriebskraft können wir den Ausweg erahnen – eine gute Eigenschaft, die mächtig genug ist, um die Antriebskraft auszuschalten.

3
Was ist der Ich-Typ?

Der Begriff „Enneagramm" ist von dem griechischen Wort „ennea" abgeleitet, das „neun" bedeutet. In Anlehnung an die Sufi-Typologie des Enneagramms existieren neun – und nur neun! – Persönlichkeitstypen beim Menschen. Abgesehen von den positiven Aspekten, die später näher betrachtet werden sollen, wollen wir uns hier hauptsächlich mit den negativen Aspekten eines jeden Ich-Typs beschäftigen.

Die typische Antriebskraft jeder Persönlichkeit ist das, was bei uns als Verteidigungsmechanismus vorherrscht und uns dazu bringt, uns mit unserem „Ich" in engster Weise zu identifizieren. Wie oft haben wir schon Sätze wie die folgenden gehört oder gelesen: „So bin ich eben. Was kann ich denn dafür?", und genau in diesem Moment können wir dieses vorherrschende Element in unserer Persönlichkeit identifizieren, diese psychische Selbstverteidigung, die uns daran hindert, uns anders zu verhalten und anders zu handeln, als wir für uns entschieden haben.

Jede Persönlichkeit ist das Gefängnis, das uns am meisten gefällt, und deshalb erzeugt sie in uns Unglück und Trostlosigkeit, Intoleranz und Unzufriedenheit. Es gibt kein besseres oder schlechteres Gefängnis, denn jedes ist gleichermaßen Grund dafür, daß wir schwer daran tragen, nicht wir selbst zu sein.

Um Mißverständnissen vorzubeugen, möchte ich hier erläutern, daß das, was ich gelegentlich Persönlichkeit nenne, dem „Ich-Typ" in der Terminologie des Enneagramms entspricht.

In Wirklichkeit sind wir das Ergebnis eines recht gut geglückten Experiments. Wir werden in eine Welt hineingeboren, die mit ihren Gesetzen, Verpflichtungen, Rechten, Aufgaben, Eigenheiten und Verwirrungen vorgegeben ist. Wir haben keine Wahl. So schlucken, atmen, betrachten, hören wir nur die Dinge, die wir später als uns zugehörig akzeptieren werden. Unser Ich beginnen wir aufgrund der Entdeckungen und Erfahrungen zu formen, die wir bereits in einem Alter gemacht haben, als wir noch wenig Einsicht und Verständnis dafür hatten. Unser „Gepäck" wird bestimmt vom Klima, von der Lage des Landes, in dem wir aufwachsen, von der familiären Situation, von den Besonderheiten des Planeten, von der Ordnung und Moral der Epoche, in der wir leben. Wie Computer sind wir darauf programmiert, innerhalb eines sehr begrenzten Spielraums zu handeln und zu fühlen. Entweder fügen wir uns ein oder bleiben Randfiguren eines Geschehens, das wir ablehnen. In der einen oder anderen Form passen wir uns sogar in unserer Widerspenstigkeit an.

So ist es nur verständlich, daß wir Schutzreaktionen auf diesen Strudel von Repressionen entwickeln, mit denen unsere Wünsche, unser Wille und unser innerstes Wesen unterdrückt werden sollen. Diese Reaktionen sind das, was wir „Ich" nennen.

Um jener Herrschaft, die uns verschlingt, zu entkommen, entwickeln wir sehr starke, wirkungsvolle Überlebensmechanismen. Diese sind in uns so fest verankert, daß wir schließlich selbst glauben, daß unsere Persönlichkeit nur aus dem besteht, was wir uns mit der Unterstützung anderer Leute darunter vorstellen. Dann gehen wir dazu über, innerhalb

24

starrer Verhaltensmuster zu handeln, ohne auch nur den geringsten Verdacht zu schöpfen, daß unsere Haltung lediglich ein Nebenprodukt unseres eigenen Glaubens ist. Doch unsere Verhaltensmuster haben zuwenig Bezug zur Wirklichkeit, als daß man sie immer wieder verstärken und wiederholen müßte.

So sind die verschiedenen Ichs aufgebaut: aus Wiederholung, Verstärkung und mangelnder Kreativität. Selbst der geschickteste und genialste Künstler paßt sich daran an.

Die folgende Abbildung[6], die als „Enneagramm-Stern" bekannt ist, verdeutlicht gut die neun Ich-Typen.

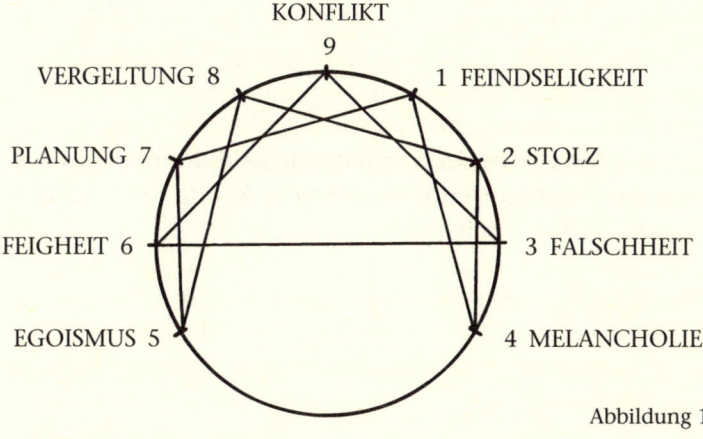

Abbildung 1

Für jeden Ich-Typ haben wir einen Namen, der ihn beschreibt. In der Abbildung oben haben wir für jeden einzelnen Typ eine charakteristische Eigenschaft der entsprechenden Persönlichkeit. In der Abbildung auf Seite 26 sind die Gefühle benannt, die wir zu verheimlichen versuchen. So wird beispielsweise die EINS von der Vergeltung dominiert. Die EINS lebt ihren Zorn aus, der gleichzeitig ihr Selbstschutz ist.

GEFÜHLE

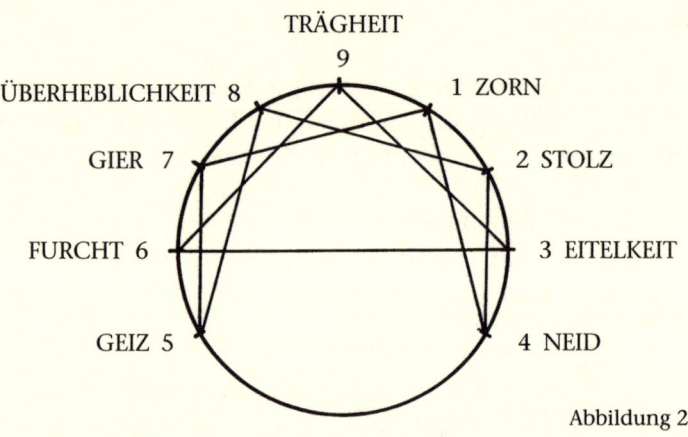

Abbildung 2

Um jedoch die beiden vorstehenden Abbildungen besser zu verstehen, wollen wir uns im folgenden Kapitel mit jedem Ich-Typ eingehend beschäftigen.

4
Neun Ich-Typen
und neun Bachblüten-Typen

Die neun Ich-Typen, die das Enneagramm kennt, nennt man
EINS, ZWEI, DREI und so weiter bis hin zur NEUN. Wir werden uns
nun mit jedem einzelnen Typ beschäftigen und immer die
entsprechende Bachblüte, die der Behandlung und Heilung
der Persönlichkeit dient, berücksichtigen.

Die EINS – Feindseligkeit

EINSER vermeiden Zorn, denn sie sind Perfektionisten. Ihre
Feindseligkeit verbergen sie sogar vor sich selbst. In ihrer
Stimme schwingt oft Gereiztheit mit, und ihr Verhalten ist
häufig von Ungeduld geprägt.

Da sie immer empfindlich auf die Unvollkommenheit des
Lebens und der Menschen reagieren, verdoppeln sie ihre
Anstrengungen im Bestreben, das, was sie tun, möglichst
perfekt zu machen. Sie nehmen die Ereignisse vorweg, damit
alles bis ins kleinste Detail bestmöglich erledigt wird.

EINSER sind perfekte Hausfrauen, pedantische Buchhalter,
aufopfernde Lehrer, oder anders gesagt: es sind diejenigen, die
sich so große Mühe geben, daß sie fast immer von anderen
Leuten enttäuscht sind. Sie sind mit der Vorstellung aufgewachsen, daß sie nur dann akzeptiert werden, wenn sie
perfekt sind. In ihrer Kindheit waren die EINSER die typisch
braven Kinder.

Ihr Gefühl für Selbstkritik ist so hoch entwickelt, daß sie unfähig sind, sich selbst einmal Ruhe zu gönnen, und sie reagieren sogar auf Kritik, die nicht ihnen gilt. So bringen sie es fertig, sich mitten im Satz zu unterbrechen, um auf irgendeinen möglichen Einwand zu antworten. In allen Einzelheiten lassen sie die Vergangenheit an sich vorüberziehen und versuchen dabei, sich an strengen Normen von „richtig" und „falsch" zu orientieren. Normalerweise weisen sie andere nicht auf deren Fehler hin, da sie hoffen, daß sich jeder einzelne selbst seiner Irrtümer bewußt wird und sie korrigiert. EINSER sind die ewig Unzufriedenen. Die Pedanterie macht sie blind, sie „sehen den Wald vor lauter Bäumen nicht". Genau deshalb brauchen sie sehr viel Zeit, um Entscheidungen zu treffen.

Sie entschuldigen sich ständig für ihre Unfähigkeit oder dafür, daß sie nicht ausreichend Zeit hatten, um eine ihnen gestellte Aufgabe zu erledigen. Wenn es einmal wirklich zuviel zu tun gibt, werden sie möglicherweise depressiv und fühlen sich beklommen, denn es würde sie kränken, einen schlechten Dienst erweisen zu müssen. Dann geraten sie in Verzweiflung, unternehmen zum Schluß gar nichts und lassen ihre schlechte Laune darüber an anderen aus.

Der positive Aspekt der EINSER ist, daß sie vergnügt und lustig sind. Sie sind anziehende Gesprächspartner, denn sie machen aus jeder Kleinigkeit ein denkwürdiges Ereignis. Ihr gutes Gedächtnis kann ihnen ein Verbündeter sein, wenn es darum geht, anderen und sich selbst in Erinnerung zu rufen, daß es möglich ist, seine Anstrengungen für eine Vervollkommnung zu verdoppeln. Sie sind ehrlich und verhalten sich ihrer Gruppe gegenüber loyal. Ihren Freunden helfen sie dabei, zu authentischen Persönlichkeiten zu werden.

Die Bachblüte, die der EINS entspricht, ist *Vervain*. Persönlichkeiten dieses Typs sind nach Dr. Bach perfektionistisch, nervös, autoritär und ändern selten ihre Meinung. Unfähig zu entspannen, stehen sie dem Unvermögen ihrer Mitmenschen oft erschöpft gegenüber. Sie sind sehr stark daran interessiert, daß die anderen ihre Sicht von der Welt (die sie selbst für vollkommen halten) übernehmen. Sie besitzen viel Willenskraft und Mut, denn sie glauben unverbrüchlich an die Werte, die sie anderen vermitteln wollen. Ihre Gedanken kreisen immer um das, was noch gemacht werden muß. Die Blütenkombination für die EINS ist: *Vervain, Walnut, Crab Apple, Holly, Impatiens.* Die vier letztgenannten Blüten unterstützen *Vervain.*

Wie bei diesem Ich-Typ sind auch bei den folgenden die Blüten erwähnt, deren Wirkungen das Haupt-Blütenmittel unterstützen. Diese Bachblüten bilden eine wirksame Kombination für jeden Ich-Typ. Die Zusammenstellung kann jedoch je nach den momentanen Erfordernissen verändert werden.

Wenn wir also beispielsweise jemanden mit den charakteristischen Anzeichen der EINS beraten, bei dem aber eine Zwanghaftigkeit spürbar ist – etwa immer wiederkehrende Gedanken von Selbstdiskriminierung –, können und müssen wir eine, manchmal sogar zwei unterstützende Bachblüten durch Blütenmittel für spezifische Situationen (siehe Kapitel 7) ersetzen, wie zum Beispiel *Cherry Plum* oder *White Chestnut*, die in diesem Fall eher angezeigt wären. Wenn dann aber die Anfangskrise vorbei ist, können wir wieder auf die richtige Blütenkombination mit den oben beschriebenen, unterstützenden Bachblüten zurückgreifen.

Walnut hilft bei der Überwindung von Fesseln, die uns an die Vergangenheit binden, indem es die Wahrnehmung der

Gegenwart schärft. *Crab Apple* hilft dabei, sich selbst zu akzeptieren und uns unsere Fehler zu verzeihen. Wir können einen Irrtum begehen und uns trotzdem entspannen, da wir ja schon allein durch die bloße Tatsache, daß wir existieren, vollkommen sind. *Holly* stoppt die explosionsartigen Gefühle, die aus Zorn entstehen, wie Haß oder Eifersucht. *Impatiens* wirkt gegen die für die EINS typische Ungeduld.

Die ZWEI – Stolz

Die ZWEI ist charakteristisch für Menschen, die sehr fürsorglich sind und anderen helfen möchten, damit man sie wegen ihrer Güte und Uneigennützigkeit bewundert. Das Bedürfnis zu dienen ist die Antriebskraft dieses Ich-Typs. ZWEIER wollen unbedingt herausfinden, was einem anderen gefällt, beispielsweise Kleidung, Essen, sein Lieblingsgetränk, denn sie hoffen, in derselben Weise dafür belohnt zu werden. Wenn das nicht geschieht, fangen sie an zu leiden und beschweren sich, daß niemand ihr Tun zu schätzen weiß.

Die Zeit, die ihnen nicht als verloren erscheint, ist die Zeit, die sie menschlichen Beziehungen widmen. Die ZWEIER messen die Intensität ihres Lebens an der Zahl ihrer Freunde und der Leute, mit denen sie Bekanntschaft schließen. Der berufliche Weg, den sie meistens einschlagen, ist der eines Krankenpflegers oder Sozialarbeiters. Sie wenden verschiedene Manipulationstechniken an bei dem Versuch, andere Menschen von ihren Dienstleistungen abhängig zu machen. Und wenn es faktisch einmal nichts für einen Mitmenschen zu tun gibt, dann hat die ZWEI tatsächlich nichts zu tun.

ZWEIER haben unzählige gute Eigenschaften. Normalerweise handelt es sich um freundliche Menschen mit viel Gespür für das Leid ihrer Umwelt. Im Namen der Hilfe opfern sie sich für jeden auf, der ihnen begegnet. Sie sind liebevoll und zärtlich und nehmen im allgemeinen sogar diejenigen an, die die meisten unsympathisch finden. Sie lehnen Gewalt ab. Statt die anderen Menschen wegen ihrer Fehler zu verurteilen, versuchen sie eher, mögliche Auswirkungen herunterzuspielen. Die entsprechende Bachblüte für diesen Ich-Typ ist *Chicory*, das Heilmittel, das bei mütterlichen Personen angewandt wird, die das Bedürfnis haben, ihrer Umgebung allzuviel Aufmerksamkeit zu schenken. Es ist die richtige Blüten-Essenz für Leute, die sich nur dann glücklich fühlen, wenn sie gebraucht werden, besonders von geliebten Wesen. Wenn die anderen sie nicht, wie erwartet, belohnen, reagieren diese Menschen möglicherweise mit Groll und beklagen sich dann: „Ach ich Armer, niemand mag mich!" *Chicory* hilft uns dabei, zu lieben, ohne etwas dafür zu erwarten. Die Blütenkombination für diesen Ich-Typ ist: *Chicory, Centaury, Clematis, Crab Apple, Larch.*

Centaury steht für Gewaltlosigkeit, für die Abneigung, andere zu verletzen, und für die Selbstaufopferung. Es ist als Bestandteil dieser Blütenkombination ein großer Helfer von *Chicory.*

Clematis eröffnet uns Raum für Besinnung und individuelle Kreativität. Es bringt den Menschentyp, der nur für seine Umwelt lebt, dadurch ins Zentrum seiner eigenen Schöpfung zurück, daß er lernt, seine eigenen inneren Freiräume zu erweitern.

Crab Apple zeigt große Wirkung, wenn wir lernen sollen, uns anzunehmen, und wir uns auf uns selbst besinnen wollen, ohne dabei beim anderen das suchen zu müssen, was wir an uns selbst ablehnen.

Larch hilft Menschen, die nicht an sich selbst glauben, die sich nicht in das Geschehen einbringen und so den anderen ermöglichen, ihren Platz dort einzunehmen.

Die DREI – Falschheit

Die Antriebskraft der DREIER ist, Niederlagen zu vermeiden. Sie messen dem Erfolg, den sie bei all ihren Unternehmungen im Leben erzielen könnten, allzuviel Bedeutung bei und gehen deshalb keine Risiken ein. Sie sind tüchtige, ergebene Planer, die bestrebt sind, das Ziel zu erreichen, das sie sich selbst gesteckt haben.

Normalerweise entscheiden sie sich für einen Beruf, in dem der Erfolg fast täglich eintritt. Es sind Verkäufer, die blind das Produkt vertreten, das sie verkaufen. DREIER können eine Rolle so überzeugend spielen, daß sie sogar selbst daran glauben. Deshalb sind sie aufrichtig bei dem, was sie tun, da es ihnen gelingt, sich in ihrem Egoismus damit zu identifizieren. Was andere zu ihrem Erfolg beigetragen haben –, den sie meinen aus eigener Kraft erzielt zu haben –, schätzen sie gering. Da sie ungeheuer aktiv sind, wäre „nichts tun" für sie gleichbedeutend mit „nichts erreichen". Deshalb bleiben sie fortwährend in Bewegung, selbst dann, wenn es nichts zu tun gibt.

Der positive Aspekt der DREIER ist, daß sie Teamgeist besitzen. Mit ihrer Entschlossenheit, gesteckte Ziele zu erreichen, wirken sie ansteckend auf andere Menschen. Sie kontrollieren nicht, sondern sind insofern liberal, als sie abwarten können, daß jeder einzelne seine Pflichten zufriedenstellend erfüllt. Ihre Einstellung zum Erfolg gibt jedem, der sich ihnen anschließt, die Gewißheit, einem siegreichen Team anzugehören. DREIER sind gesellige Menschen, die gern im Mittelpunkt stehen und beachtet werden wollen.

Die entsprechende Bachblüte dieses Ich-Typs ist *Oak*. Dieses Blütenmittel ist für verantwortungsvolle, starke Charaktere bestimmt, die sich nicht unterkriegen lassen. Wenn sie krank werden, so betrachten sie diese Tatsache als eine Einschränkung ihrer Aktivitäten. DREIER sind diejenigen, die die Ärmel hochkrempeln und trotz der Hindernisse, die auftauchen mögen, weiterarbeiten.

Nach Dr. Bach hilft *Oak* denen, die ebenso ausdauernd und hart kämpfen, „wenn es um die Erfüllung ihrer täglichen Verpflichtungen geht".[7] *Oak* ermöglicht uns einen tiefergehenden Kontakt zu dem übersteigerten Verhalten, das dieser Ich-Typ hervorruft. In Verbindung mit anderen Heilmitteln hat *Oak* eine starke Wirkung. Die Blütenkombination für die DREI besteht aus: *Oak, Agrimony, Centaury, Gentian, Water Violet.*

Da DREIER-Menschen übertrieben großes Augenmerk auf ihr äußeres Erscheinungsbild legen (sie haben immer ein siegreiches Lächeln auf den Lippen), ist *Agrimony* das richtige Blütenmittel. *Centaury* bringt ein bißchen Demut als Ausgleich zu der übersteigerten Eitelkeit und Selbstsicherheit. *Gentian* eignet sich besonders für fehlendes Vertrauen oder für die, die Angst vor Niederlagen haben, denn es schraubt jedes Vorhaben mit all seinen Risiken und Schwierigkeiten wieder auf seine ursprüngliche Dimension zurück. *Water Violet* steht für Alleinsein und Distanz. Für die DREI ist Isolation wie ein Gefängnis, denn sie konfrontiert sie mit dem innersten Kern ihres mangelnden Selbstvertrauens. Wenn die DREI mit Einsamkeit in Kontakt kommt, kann sie sich besser auf das besinnen, was ihr tatsächlich fehlt.

Die VIER – Melancholie

Die VIERER vermeiden Unterlegenheit. Sie empfinden sich als etwas anderes und Besonderes, weil sie glauben, daß ihrem Leben ein ungewöhnlicher Hang zum Tragischen anhaftet, der anderen Menschen fehlt. Dieses Gefühl ist mit der Tatsache verbunden, daß sie früher – scheinbar oder tatsächlich – von einem Elternteil oder beiden verlassen wurden.

VIERER beklagen sich ständig. Sie sind Einzelgänger und „Opfer des Lebens". Hier findet man im allgemeinen Künstler und Personen, die über eine große Sensibilität verfügen. Um ihrem Selbstbild zu entsprechen, verhalten sie sich nie natürlich oder spontan, so als ob sie die ganze Zeit über irgendeine Rolle spielen würden, die ihnen gerade gefällt. Ihr Lächeln hat etwas Überhebliches an sich, womit sie der Umwelt zu verstehen geben, daß sie alles viel besser begreifen als andere. Sie sind elegant und diskret. Doch sie beneiden andere darum, daß diese offenbar ihr eigenes Leben leben, denn die VIERER scheinen diese Möglichkeit für sich selbst immer auf später zu verschieben. Sie müssen sich gefühlsmäßig auf jede Situation einlassen, da dies ihnen das Gefühl vermittelt, lebendig zu sein. Sie sind an Empfindungen wie Schmerz, Trauer und Unglück gewöhnt und klammern sich an die schmerzhaftesten Aspekte ihrer Kindheit. Sie lieben es, anderen ihre persönlichen Mißgeschicke zu beschreiben, weil sich ihrer Ansicht nach genau darin ihre Besonderheit zeigt.

Im positiven Ich-Zustand sind die VIERER sensible und verständnisvolle Menschen und sind auch mit schmerzhaften Gefühlen vertraut. Das symbolisieren sie mit ihrer Art, sich auszudrücken. Sie wirken künstlerisch bis ins tägliche Leben hinein. Mit ihrer Kreativität und Originalität erwecken sie in allen Menschen den Wunsch nach Schönheit im Leben, indem sie sie auf irgendeine originelle Weise dafür sensibilisieren.

Die richtige Bachblüte für die VIER ist *Willow*. Diese Blüte ist für diejenigen, die sich vom Leben ungerecht und schlecht behandelt fühlen. Es sind die, die leicht gekränkt sind oder sich wegen ihres Schicksals grämen. Sie betonen ihr eigenes Unglück und versinken in einem See von Selbstmitleid, Klagen und schlechter Laune. Nur unter Schwierigkeiten gelingt es ihnen, auch das Gute einer Situation zu betrachten, und es fällt ihnen schwer, zu vergessen und zu verzeihen. Nach Dr. Bach hilft *Willow* diesen Personen, ihr Unglück im richtigen Licht zu sehen. Es stimmt sie optimistischer und weckt in ihnen den Willen, die Dinge positiv zu betrachten. Die Blütenkombination für die VIER ist: *Willow, Clematis, Holly, Water Violet, Honeysuckle*.

Clematis ist die Bachblüte für die Künstler beziehungsweise für die, die außerhalb der konkreten Realität schweben und von dem Tag träumen, an dem sie endlich richtig leben werden. *Holly* wirkt mit Erfolg auf Neidgefühle ein, die für die VIER charakteristisch sind. Auch wenn es keine lauten Ausbrüche von schlechter Stimmung gibt, so vergiften doch die inneren Explosionen die Laune so sehr, daß diese Personen bei allem, was sie tun, zutiefst nachtragend und verbittert sind. *Water Violet* ist für die, die sich überheblich von der Welt zurückziehen. VIERER sind augenscheinlich widersprüchlich: Im selben Moment, in dem sie sich distanzieren, weil niemand sie versteht, wenden sie sich innerlich gegen die Welt oder gegen die Menschen, auf die sie ihre Aufmerksamkeit richten.

Honeysuckle wirkt bei Nostalgie, der charakteristischen Eigenschaft der VIER, die weiterhin hartnäckig an den Fehlern der Vergangenheit und den verpaßten Gelegenheiten fest-hält. „Wenn doch wenigstens ..." ist eine typische Redewen-dung derer, die diese Bachblüte brauchen und die spezifischen Eigenschaften der VIER aufweisen.

Die FÜNF – Egoismus

Die FÜNFER vermeiden Leere. Sie sind mehr Beobachter als Teilnehmer, denn sie lassen sich nie auf die Geschehnisse ein. Im allgemeinen handelt es sich um Intellektuelle, die sich in Gesellschaft eines guten Buches wohler fühlen als in Gegen-wart eines anderen Menschen.

Da sie verschwiegen sind, sieht es so aus, als wüßten sie mehr, als sie sagen. Das verleiht ihnen den Anschein angebo-rener Weisheit, was sie aber gleichzeitig noch mehr isoliert. Geduldig warten sie das Ende eines jeden Gesprächs oder einer Versammlung ab, um dann ihre Vorstellungen darzulegen, die in aller Regel weitläufig, wenn auch wohlüberlegt und brillant sind. Wenn die anderen sie nicht verstehen, langwei-len sie sich und schieben die Ursachen für ihr Exildasein auf die herrschende „Geistesarmut".

FÜNFER sind eher Zuschauer als Menschen der Tat und Spezialisten dafür, Dinge zu sammeln, die ihnen für ihren inneren Reichtum unbedingt notwendig erscheinen. Für sie ist es wichtig, sich nicht wie Unwissende zu fühlen. Sie müssen alle Aspekte und Ungereimtheiten einer Situation kennen, um dann ein ausgewogenes, aufschlußreiches Urteil zu fällen. Da sie mit dieser Geisteshaltung viel Zeit zur Ausfor-mulierung der Gedanken brauchen, verbannen sie aus ihrem Leben alles, was ihnen überflüssig erscheint, und erhalten damit ihre Isolation aufrecht.

Sie sind allein aufgewachsen, im allgemeinen von den Eltern, besonders der Mutter, verlassen worden. Sie empfanden sich anders als die übrigen Familienmitglieder, eine Tatsache, die dazu geführt hat, daß sie sich mit ihren Standpunkten zurückziehen und nach Selbst-Verständnis suchen. Für sie besteht das Leben eher aus Nachdenken als aus zwischenmenschlichen Beziehungen, und da man für Weisheit Zeit und Disziplin braucht, verharren sie ewig in einem Zustand, in dem sie sich auf jede nur erdenkliche Situation vorzubereiten scheinen.

FÜNFER haben nur eine vage Vorstellung von der Gegenwart und sind der berühmte „zerstreute Professor". Sie behalten keine Namen und erkennen nicht einmal die Personen wieder, die sie erst kürzlich kennengelernt haben. Müssen sie oberflächliche Konversation betreiben, fühlen sie sich sehr unwohl. Ihnen kommt es nicht in den Sinn, ihre Erkenntnisse mit anderen zu teilen. Sie betrachten ihr Wissen als einen Schatz, und wenn sie jemand wegen ihrer Kenntnisse lobt, legen sie eine falsche Bescheidenheit an den Tag.

Da sie mehr auf das reagieren, was sie mit dem Verstand und nicht mit dem Gefühl erfassen können, haben die FÜNFER Probleme, mit ihren tiefsten inneren Gefühlen in Kontakt zu kommen.

Sie besitzen jedoch viele bezeichnende gute Eigenschaften. FÜNFER sind gute Zuhörer. Sie sind freundlich und sagen fast immer nur das Notwendigste. Nur ungern urteilen sie über andere, denn sie wissen, daß man eine gehörige Portion Zeit zum Verstehen und Verarbeiten eines jeden braucht. Sie haben einen besonderen Humor, der ans Absurde grenzen kann, was jedem Gespräch mit ihnen einen ungewöhnlichen Ton verleiht.

Die richtige Bachblüte für die FÜNF ist *Water Violet*. Diese Blüte ist gedacht für jene Einzelgänger, die sich ihre Gruppe sehr sorgfältig aussuchen. Ihr Standpunkt ist der eines höherstehenden Menschen, der einen zarten, durchsichtigen Schleier um sich gelegt hat. Distanziert und unerreichbar, kann die FÜNF auf andere arrogant und unverschämt wirken. In der Realität geht das aber nicht über die Verteidigung gegen eine Einmischung in ihren Privatbereich hinaus. Die Blütenkombination für die FÜNF ist: *Water Violet, Beech, Cerato, Clematis* und *Honeysuckle*.

Beech ist für die FÜNF notwendig, um Mitmenschen akzeptieren zu lernen. Im allgemeinen brauchen diejenigen, die die anderen leicht für Dummköpfe halten, diese Blüte, die der FÜNF hilft, eine verständnisvollere und tolerantere Haltung gegenüber anderen einzunehmen.

Cerato ist angezeigt bei Personen, die ihrem eigenen Urteilsvermögen nicht trauen. Normalerweise erbitten sie von jemandem Rat oder wollen seine Meinung bei einer Entscheidung wissen. Sie vergeuden so viel Zeit bei dem Versuch, sich selbst beeinflussen zu lassen, daß sie eine günstige Gelegenheit zum Schluß verpassen. Dieses Verhalten ist typisch für eine große Zahl von Intellektuellen, die häufig nicht über ausreichend Intuition verfügen, die sie zu einer Entscheidungsfindung führen könnte.

Wie schon bei der ZWEI angedeutet, bringt *Clematis* uns wieder auf den Boden der Tatsachen zurück. Es befreit die FÜNF von Weltflucht und geistiger Abwesenheit.

Honeysuckle hilft denjenigen, die an ständigem Desinteresse für den gegenwärtigen Moment leiden und mehr in der Vergangenheit leben. Da dieser Ich-Typ möglicherweise in der

Kindheit verlassen wurde, meist von der Mutter, ist *Honey-suckle* ein typisches Heilmittel, um das Bedürfnis nach Geborgenheit zu erfüllen. Es gibt Eindrücken und Erinnerungen wieder ihre richtige Dimension, indem es das Gewicht auf die angenehmen Momente legt, die die FÜNF aus dem Gedächtnis verloren hatte.

Die SECHS – Feigheit

Dies ist das Autoritäts-Ich oder vielmehr das Ich der Autoritätshörigkeit. Im allgemeinen handelt es sich bei der SECHS um Personen, die an Regeln und Normen gewöhnt sind, um ihre Entscheidungen zu rechtfertigen.

Als sie noch Kinder waren, lief das Familienleben für sie sicher nach sehr starren Regeln ab. Sie wuchsen mit der Vorstellung auf, daß eine äußere Autorität ihr Leben für sie entscheiden müßte. In ihrem Sicherheitsbedürfnis gehören sie im allgemeinen bestimmten Gruppen an und haben nur Umgang mit Mitgliedern dieser Gruppen.

Ihrer Auffassung nach muß die Zeit dazu genutzt werden, um irgendeinem Befehl von außen zu gehorchen und diesen auszuführen. Da sie sehr verantwortungsbewußt sind, würde es sie verunsichern, wenn sie keine Gründe hätten, um einen Befehl genauestens zu befolgen. Immerfort zögern sie, wenn sie vor einer Entscheidung stehen, ja sogar dann, wenn sie ein Kleidungsstück aussuchen sollen, ohne jemand anderen nach seiner Meinung fragen zu können. Sie vermeiden Risiken, und das geht so weit, daß sie schließlich Gelegenheiten, die sich ihnen bieten, verpassen. Da sie äußerst besorgt und unsicher sind, müssen sie alles, was in ihrem Verantwortungsbereich liegt, ganz genau begreifen. Selbst beim Lesen, wenn sie nicht jedes geschriebene Wort verstehen, geraten sie in Panik, und das erschwert natürlich den Lernprozeß. SECHSER sind ernste Menschen, ohne Sinn für Humor, die Angst vor der Zukunft und jeder Art von Veränderung haben, die in ihrem Leben eintreten könnte. Sie sind Routinemenschen mit wenig Kreativität, denn sie fühlen sich durch jede Situation, die etwas Neues bringt, bedroht.

Die guten Seiten der SECHSER sind ihre Loyalität und ihre Ergebenheit. Sie sind echte Gefährten und glühende Anhänger. Sie besitzen ein hohes Maß an Verantwortungsgefühl und leisten sehr gute Arbeit. Wenn es darum geht, jemandem einen Dienst oder Gefallen zu erweisen, sind sie schnell zur Stelle. Ihre Leistungsfähigkeit ist sehr groß, wenn der Arbeitsablauf schon von vornherein festgelegt wird. Die Bachblüte für die SECHS ist *Rock Water*. Diese Blüte ist ideal für die Behandlung sehr strenger und starrer Persönlichkeiten, die sich bei der Beurteilung von Richtig und Falsch nach Gesetzen und Theorien richten. Diese Menschen, die auch einen Hang zum Fanatismus haben, verfolgen ihre Ideale, ohne je vom Weg abzuweichen. Im allgemeinen sind es arbeitsame Personen, die stolz auf ihren rigorosen Lebensstil sind. Die Blütenkombination für die SECHS ist: *Rock Water, Scleranthus, Impatiens, Aspen* und *Chestnut Bud.*

Scleranthus unterstützt Menschen, denen es – wie der SECHS – schwerfällt, sich zwischen zwei Dingen zu entscheiden. Wenn sie etwa in einem Geschäft vor zwei ähnlichen Produkten stehen, gelingt es ihnen nicht, eines davon auszuwählen. Diese Bachblüte hilft dabei, den Verstand zu festigen und klar zu erkennen, welches die passendste und beste Wahl ist.

Aspen hilft Leuten, die an Angst und bestimmten Panikzuständen leiden, die für diesen Ich-Typ charakteristisch sind.

Chestnut Bud ist unbedingt notwendig für Menschen, die nicht einmal aus positiven Situationen der Vergangenheit etwas lernen können. Die SECHS ist beispielsweise so sehr irgendwelchen Normen und Regeln verhaftet, daß erfreuliche andere Erfahrungen aus der Vergangenheit nicht heilsam wirken.

Impatiens paßt für hastige Personen, bei denen alles schnell gehen muß, weil sie nicht warten können. Im allgemeinen überzeugt sie ihre Ungeduld von der Beschäftigung mit sich selbst statt mit anderen.

Die SIEBEN – Planung

Menschen dieses Typs vermeiden Schmerz, sei er körperlich oder seelisch. Sie verabscheuen ernste und schmerzliche Situationen. Sie müssen das Vergnügen ausleben, das ihnen im Leben geboten werden kann. Sie sind in jeder Hinsicht Optimisten und meistern jegliche beängstigende oder problematische Lage mit Schwung. Sie neigen dazu, bei allem nur die gute und schöne Seite zu sehen, aber dies tun sie so beharrlich, daß sie auf andere einen völlig oberflächlichen Eindruck machen.

Sie weisen sogar Angebote zurück oder drücken sich vor der Entwicklung ihrer eigenen Persönlichkeit, falls dies ihr Vergnügen trüben könnte. Sie wollen vom Leben immer nur das haben, was für sie vorteilhaft ist. Und wenn etwas gut für sie ist, dann könnte es noch viel besser sein.

Im allgemeinen sind diese Menschen im Schoß einer glücklichen, liebevollen Familie aufgewachsen und haben sich erst später von ihr entfernt. Doch sie wollen dorthin zurückkehren und würden alles nur Erdenkliche tun, das es ihnen ermöglichte, diese Geborgenheit noch einmal zu bekommen.

Die SIEBENER lieben es, Pläne und nochmals Pläne zu schmieden, statt sie zu verwirklichen. Sie mit der Praxis zu konfrontieren hieße „Schluß mit dem Vergnügen!" und würde bedeuten, daß jetzt harte Arbeit beginnt. Wenn sich die SIEBENER aber für eine Arbeit begeistern, dann befriedigt es sie sehr, diese auch abzuschließen, und dies trotz der Schwierigkeiten, auf die sie stoßen, wenn sie Termine einhalten müssen. Sie sind in der Realität eher Planende als Ausführende.

Eine ihre guten Eigenschaften ist die, daß sie unermeßlich große Freude am Leben verspüren, und sie stecken alle mit ihrer Fröhlichkeit an. Sie mögen Unterhaltungen und erzählen gern Witze. SIEBENER lieben es, andere Leute glücklich zu machen – auch in traurigen Momenten. Sie lachen viel und sehen von Natur aus immer die gute Seite an einer Situation. Oft arbeiten sie als Verkäufer, da es ihnen sehr leicht fällt, Zugang zu Menschen zu bekommen. Die Bachblüte für die SIEBEN ist *Heather*. Diese Blüte ist für diejenigen geeignet, die viel reden und geschwätzig sind. SIEBENER sind Menschen, die einen viel berühren und anstupsen, um die allgemeine Aufmerksamkeit auf ihre mitreißenden Worte zu lenken. Sie sind nicht gern allein, denn von anderen beziehen sie die Energie, die ihren Elan nährt. Die Blütenkombination für die SIEBEN ist: *Heather, Honeysuckle, Clemaris, Cerato* und *Agrimony*.

Honeysuckle, ist die Blüte der Gegenwart. Sie gibt zurückliegenden Erlebnissen ihre angemessene Dimension, indem sie vergessene Glücksmomente lebendig macht und uns ohne nostalgisches Festhalten ermöglicht, angenehme Erinnerungen zu integrieren und als Inspiration für unser jetziges Leben zu erfahren.

Clematis wird hier wirkungsvoll eingesetzt, damit die aufsehenerregenden Pläne, die die SIEBEN schmiedet, auch einen Bezug zur Realität haben.

Cerato ist ein starker Helfer bei der Behandlung von unentschlossenen Personen, denen das Vertrauen in die eigenen Fähigkeiten fehlt. Da die SIEBENER dringend die verlorene Geborgenheit brauchen, hilft dieses Blütenmittel, indem es wieder Verbindung zu Situationen aus der Vergangenheit herstellt und das Selbstvertrauen stärkt.

Agrimony ist für die, die ständig die Maske des ewigen Glücks zur Schau tragen. Normalerweise bezieht sich diese Bachblüte auf glückliche und gutmütige Menschen, die verbergen oder vielleicht nicht einmal merken, wie sehr sie leiden, nur um immerzu diese äußere Fassade aufrechtzuerhalten. Diese Blüten-Essenz hilft ihnen dabei, Kontakt mit jener falschen Identität aufzunehmen, die sie sich selbst geschaffen haben.

Die ACHT – Vergeltung

ACHTER haben Angst vor Schwäche. Für sie ist das Leben ein Minenfeld, auf dem gilt: Rette sich, wer kann! Ständig zur Konfrontation bereit, sind die ACHTER unerschrockene Kämpfer. Schnell entdecken sie die schwachen Stellen der anderen und greifen sie dann genau dort an.

Sie glauben nicht an Macht, sondern trotzen ihr und lehnen jegliche Art von Ungerechtigkeit ab, nur ihre eigene nicht. Sie sind gern stark und respektieren die, die sich ebenfalls stark zeigen. Als Verteidiger von Werten wie „richtig" und „falsch" greifen sie kühn ein und warnen ihre

Freunde davor, sich von jemandem beherrschen zu lassen. Schwache und Nutzlose beachten sie nicht. Sie haben immer eine Antwort auf irgendeinen verbalen Überfall parat. Wenn sie ärgerlich sind, können sie heftig werden. Sie haben gern die Kontrolle über die Lage und verbreiten um sich herum den Radikalismus der Unangepaßten. Klar erkennen sie die Notwendigkeit zur Veränderung in jedem beliebigen autoritären System, denn sie sind sensibel für jegliche Machtstruktur.

Mit diesen Charakterzügen stoßen die ACHTER auf wenig Verständnis, aber ihre Qualitäten sind beeindruckend. Ihr Mut ist beachtlich, ebenso ihr Verantwortungsgefühl für die Belange anderer Menschen. Sie sind gute Beobachter und zeigen unerschrocken auf die Nutznießer von Intrigen. Ohne Furcht vor Ablehnung machen sie sich wenig Gedanken über die Meinung anderer und haben die Fähigkeit, auf das hinzuweisen, was der Mehrheit entgeht. Sie machen kein Hehl aus ihrer Unzufriedenheit, im Gegenteil, sie tun diese öffentlich kund, damit man darüber diskutieren, sie beurteilen und sie dann auf die eigentlich Verantwortlichen richten kann. Im allgemeinen sind die ACHTER große Unternehmer. Die entsprechende Blüte für die ACHT ist *Vine*.

Nach Dr. Bach ist *Vine* das Blütenmittel für diejenigen, die Vertrauen in sich selbst haben und als Führungskräfte oder Regierende Verantwortung auf sich nehmen und schwierige Entscheidungen für den Großteil der Menschen treffen. Sie sind autoritär und furchtlos, mit unumstößlichen Meinungen und einer felsenfesten Überzeugung. *Vine* eliminiert weder das Selbstvertrauen noch die Führungsfähigkeit, aber es macht aus den ACHTERN weniger harte, wilde, sondern verständnisvolle, nicht so autoritäre Menschen. Die Blütenkombination für diesen Ich-Typ ist: *Vine, Beech, Impatiens, Vervain* und *Star of Bethlehem.*

44

Beech ist das Heilmittel für die Intoleranten, die nicht akzeptieren können, daß ihre Mitmenschen anders sind, sondern die sie nur als Dummköpfe und Ignoranten bezeichnen. *Beech* wird ebenfalls als unterstützende Bachblüte für die FÜNF angewandt. Obwohl diese beiden Ich-Typen bedeutende Unterschiede aufweisen, sind sie gleichermaßen beide intolerant. *Beech* versetzt die FÜNF und die ACHT in die Lage anderer Personen und wirft Licht auf ihre Unduldsamkeit.

Impatiens ist in diesem Fall deshalb richtig, da die ACHT nicht abwartet, sondern handelt, und dies meistens ungeduldig und gereizt. *Impatiens*-Typen sind grobe Menschen, die es immer eilig haben. Sie zeigen beim Sprechen Nervosität und eine gewisse geistige Erregung.

Vervain, das bei der EINS als Heilmittel für die Persönlichkeit eingesetzt wird, vermindert bei der ACHT die Anspannung dadurch, daß es dem Körper und dem Geist Gelegenheit zur Entspannung gibt.

Star of Bethlehem ist bei der für die ACHT charakteristischen Gewalttätigkeit angezeigt, die meistens mit einem frühen Trauma in Zusammenhang steht. *Star of Bethlehem* zeigt nicht nur große Wirkung bei der unterstützenden Behandlung der ACHT, sondern auch in spezifischen Situationen, die wir später noch genauer betrachten werden. Es ist auch in *Rescue Remedy* enthalten.

Die NEUN – Konflikt

NEUNER täuschen vor, gesünder zu sein, als sie tatsächlich sind, und zeigen eine gleichförmige, wenig ehrgeizige Fassade. Sie neigen dazu, Konflikte zu vermeiden, da sie ihre innere Realität als harmonisch empfinden. Deshalb leugnen sie Vorhandensein und Wichtigkeit von Problemen, und ihr Gesichtsausdruck und ihr Tonfall passen gut zu dem mittelmäßigen Bild, das sie vom Leben haben. Sie sind teilnahmslos und widmen sich Aktivitäten, denen sie nur wenig Wert beimessen.

Als Kinder waren sie von seiten der Eltern einer so großen Liebesverweigerung ausgesetzt, daß sie das Gefühl begleitet, nichts im Leben sei wirklich wichtig. Sie lieben das Fernsehen und sitzen enttäuscht davor, wenn sich das Programm ändert. Ihre Aufmerksamkeit gilt im allgemeinen dem Sport, dem Kartenspiel und dem Sammeln von überflüssigen Dingen. Sie sind Routinemenschen, konservativ, denn was schon etabliert ist, verursacht keine Konflikte und schon gar nicht die Notwendigkeit, Entscheidungen zu treffen. Es ist üblich, daß sie bei Verabredungen zu spät kommen oder diese völlig vergessen. Widerspruchslos akzeptieren sie die herrschende Moral. Sie haben resigniert und sind von gutmütiger Passivität.

Im positiven Sinn sind die NEUNER ruhige und friedliche Menschen, die all denen Harmonie bringen, die sie brauchen. Selten geben sie konkrete Ratschläge, sondern sind eher daran interessiert, denjenigen ein wenig Einsicht zu vermitteln, denen es nicht gelingt, ihre Probleme mit der notwendigen Distanz zu beurteilen. Sie sind die geborenen Schiedsrichter, unparteiisch in ihrem Urteil, und deshalb sucht man sie immer dann auf, wenn man einen Friedensstifter braucht. NEUNER bevorzugen traditionelle Berufe und eignen sich auch für die Politik.

Die charakteristische Bachblüte für die NEUN ist *Wild Rose*.

Die *Wild-Rose*-Typen bringen weder Enthusiasmus noch Ehrgeiz für irgendeine Form der Veränderung auf. Alles, was ihnen widerfährt, ertragen sie friedlich und mit Resignation. Auf ihre (trübsinnige) Art sind sie glücklich und bleiben bei Freude oder Trauer emotional unberührt. *Wild Rose* reduziert das Desinteresse und die Apathie und hilft dadurch, den Lebenswillen wieder zu aktivieren.

Die Blütenkombination für die NEUN ist: *Wild Rose, Crab Apple, Aspen, Centaury, Honeysuckle.*

Crab Apple hilft uns, unsere Schwächen und all das, was uns unangenehm ist, zu akzeptieren.

Aspen kämpft gegen unerklärliche Ängste an, die sich darin zeigen, daß die NEUN immer einen Zustand von Harmonie aufrechterhalten muß und jedem Konflikt, so nichtig er auch sein mag, aus dem Weg geht.

Centaury, das auch bei anderen Ich-Typen angezeigt ist, ist als unterstützende Bachblüte für *Wild Rose* von unschätzbarem Wert, gerade weil sich die NEUNER selbst vernachlässigen, aber sehr aufmerksam auf das Wohlergehen anderer schauen.

Honeysuckle ist hier hilfreich, denn gerade der Liebesentzug in der Kindheit schafft einen Zustand von innerer Nostalgie.

5
Die Fallen des Ich-Typs

Wenn wir die verschiedenen Ich-Typen analysieren, können wir sie in folgende Untertypen einteilen: aggressive, abhängige und unterdrückte Ich-Typen.

Zu den aggressiven Ich-Typen zählen die ACHT, die DREI und die EINS. Die abhängigen sind die ZWEI, die SECHS und die SIEBEN, die unterdrückten die FÜNF, die NEUN und die VIER. Drei formelhafte Aussagen gehören zu den Ich-Typen, entsprechend ihrer Sicht der Welt. Die aggressiven denken: „Ich bin größer als die Welt", die abhängigen: „Ich muß mich der Welt anpassen", die unterdrückten: „Ich bin kleiner als die Welt."

	ICH BIN GRÖSSER ALS DIE WELT	ICH MUSS MICH DER WELT ANPASSEN	ICH BIN KLEINER ALS DIE WELT
AGGRESSIV	8	3	1
ABHÄNGIG	2	6	7
UNTERDRÜCKT	5	9	4

Abbildung 3

Es ist wichtig hervorzuheben, daß Menschen viele Hintertürchen offen haben, um ihre wahren Probleme zu vertuschen. Die Begriffe „gute Eigenschaft" und „Fehler" werden immer wieder falsch interpretiert, und dieser Irrtum muß richtiggestellt werden.

Im allgemeinen identifizieren sich die Menschen so sehr mit ihren Fehlern, daß sie sie wie gute Eigenschaften und Vorzüge betrachten, die sie um jeden Preis erhalten wollen. Zum Beispiel sehen die EINSER ihren Zorn nicht als etwas Negatives. Sie halten sich für kritische Menschen, die andere anregen, sich weiterzuentwickeln. Sich selbst so zu akzeptieren, wie man ist, steht nicht auf ihrem Lehrplan. Die ZWEIER glauben, daß sie mit ihrer Hilfe für andere (dem „besten" Teil ihrer Persönlichkeit) einen Beitrag zum Wohl der Menschheit leisten. Die Abhängigkeit, die sie dabei erzeugen, lassen sie lieber außer acht, und sie können unmöglich ihre eigene Abhängigkeit akzeptieren. Sie erkennen nicht, daß gerade die Manipulation, die sie mit anderen Menschen betreiben, ihr Fehler ist.

Der Schwachpunkt der DREI besteht in ihrem zweifelhaften Maßstab, sich selbst nach dem Erfolg bei ihren Unternehmungen zu bewerten. Ihr Mangel ist die Eitelkeit, die eine Niederlage wegen möglicher Demütigung ausschließt.

Für die VIERER ist der größte Fehler der, geheimnisvoll sein zu wollen. Insgeheim prahlen sie damit, daß sie besonders sensibel seien. Und sogar dann, wenn sie bereit sind, „normal" zu sein, empfinden sie dies als „Besonderheit". In Wirklichkeit gelingt es ihnen nicht, sich selbst die Normalität zuzugestehen.

Die FÜNFER glauben, daß Alleinsein eine Tugend ist, die nur wenige im Lauf des Lebens entwickeln können. Es kommt ihnen nicht in den Sinn, daß das Wissen, das sie sich angeeignet haben, dazu da ist, mit anderen geteilt zu werden, und daß dieses Mit-Teilen so zu ihrer guten Eigenschaft entwickelt werden kann.

Die SECHSER wähnen sich als Meister im Befolgen von Gesetzen und dem Nicht-Übertreten von Normen und Vorschriften. Sie beschränken die gute Eigenschaft auf den Gehorsam und sind stolz darauf, niemals gegen irgendeine Moral verstoßen zu haben. Sie vergessen dabei, daß die wahre Tugend nur solchen Werten wie Liebe oder Eigenständigkeit untergeordnet werden darf.

Bei der SIEBEN finden wir eine allgemeine Verwirrung vor. Im Namen der positiven Einstellung oder des positiven Denkens, das derzeit so „in" ist, leben sie – im negativen Sinne – völlig unbekümmert. Sie betrachten Traurigkeit und Pessimismus als Fehler und bekommen dafür noch Applaus. Dabei übersehen sie, daß das Zulassen von Traurigkeit ein heilsames Gefühl ist. Und sie vergessen, daß es der größte Fehler überhaupt ist, bei emotionalen Mißverständnissen ständig zu lachen statt zu weinen. Dies erzeugt bei ihnen ein schizophren anmutendes Verhalten, schlimmer als das des größten Pessimisten.

Die ACHTER fühlen sich gerecht und stark. Roheit empfinden sie als gute Eigenschaft, die sie aufrechterhält, wenn viele andere umfallen. Wenn sie jemandem weh tun, verspüren sie deshalb keine Schuld oder Gewissensbisse. Es ist so, als ob sie mit dieser Einstellung versuchten, den anderen die beste Art zu zeigen, wie man dem Leben gegenübertritt. Sie vergessen dabei, daß in Konfliktsituationen Sanftheit eine wahrhaftigere Lektion sein kann.

Die NEUNER brüsten sich damit, daß sie sich über die Probleme des Alltags überhaupt keine Sorgen machen. In ihren Augen ist es ein Fehler, Ungerechtigkeiten korrigieren und die Welt, in der wir leben, verbessern zu wollen. Sie vergessen dabei, daß sie sich mit ihrer Entfremdung von der Realität nicht weiterentwickeln und – da sie nicht einmal mit den anderen in Verbindung treten – damit ihr eigenes Wachstum behindern.

Tatsächlich gibt es keinen „reinen" Ich-Typ. Oftmals entdecken wir in uns und anderen Züge mehrerer Ich-Typen, was uns verwirren mag. Aber ganz ohne Zweifel existiert ein vorherrschender Ich-Typ, und den gilt es zu betrachten. In Anhang 2 finden sich neun Fragebögen mit typischen Charakterzügen, die dem jeweiligen Ich-Typ entsprechen. Der am häufigsten angekreuzte Fragebogen zeigt uns den vorherrschenden Ich-Typ.

Auf der Ebene der Beratung anderer Menschen ist es falsch, sich nur auf die Information des Gegenübers zu verlassen. Deshalb muß man zwei Fragebögen zu jedem Ich-Typ aushändigen: Einer davon soll selbst ausgefüllt werden, den zweiten soll ein enger Freund oder naher Verwandter für den anderen beantworten. Außerdem ist es notwendig, daß der Berater selbst wach und aufmerksam ist und sich nicht in die Manipulationsversuche des Klienten verstricken läßt, die wahrscheinlich seine wahren Bedürfnisse verdecken.

Nach Dr. Bach gelingt es uns, eine „Antriebskraft" dadurch zu verändern, indem wir sie – statt sie zu unterdrücken – durch die Eigenschaft ersetzen, die sie außer Kraft setzt. Auch beim Enneagramm wird diese Methode angewandt. Bevor wir uns jedoch mit diesen Eigenschaften oder auch spezifischen Auswegen eines jeden Ich-Typs beschäftigen, wollen wir zunächst die *Fallen* betrachten, die sich jeder Ich-Typ stellen kann. In der Abbildung 4 zeigen die Pfeile an, worauf das Ich seine

Antriebskraft richtet, um sie zu verstärken. Dieser Faktor ist die Falle, die das Ich noch mehr einsperrt, statt es zu befreien. Zum besseren Verständnis unterteilen wir das Enneagramm.

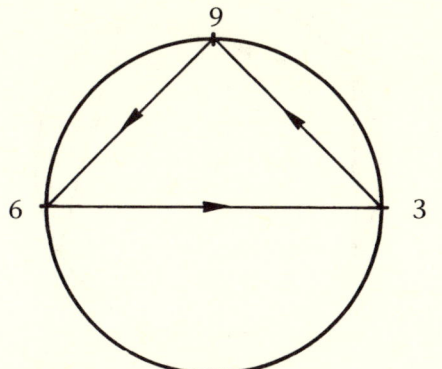

Abbildung 4

Die Pfeilrichtung gibt die Falle jedes Ich-Typs an.

Die aggressive DREI kann ihr Verhalten in Konfliktsituationen in Richtung auf den unterdrückten Typ der NEUN ändern. Genau dann gerät die DREI in Verzweiflung, weil die Niederlage und die Trägheit der NEUN die DREI verunsichern.

Wenn sich die unterdrückte NEUN mit ihrer Trägheit konfrontiert sieht, kann sie versuchen, sich in die Feigheit der SECHS zu flüchten. Sie nimmt dann gegenüber Verpflichtungen ein zögerndes und gewissenhaftes Verhalten an.

Wenn die SECHS aber, weil sie sich zu abhängig fühlt, in die Überaktivität der DREI abgleitet, tut sie dies auf gezwungene und etwas irreale Weise. Dann versteckt sie ihre Unsicherheit hinter einer Pseudo-Entschlossenheit.

53

In der Abbildung unten wollen wir die EINS, die FÜNF und die SIEBEN betrachten.

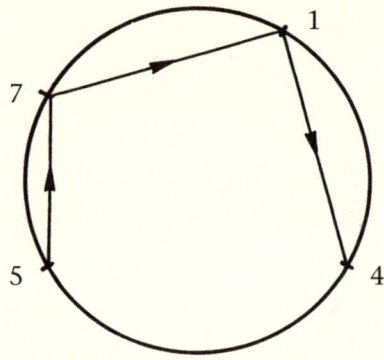

Abbildung 5

Die aggressive EINS, von ihrem Streben nach Perfektion erschöpft, kann versuchen, sich ins melancholische Ich der VIER zu flüchten. Hier gerät sie in Verzweiflung, da sie nun die Tragik der VIER und ihre Einsamkeit übernehmen muß. Sie wird dann melancholisch und glaubt nicht mehr, daß es noch irgendeine Möglichkeit zum Handeln gibt.

Die unterdrückte FÜNF, die normalerweise fest im Sattel sitzt, kann in einer innerlich aussichtslosen Situation in eine Phantasiewelt nach Walt Disney stürzen, was das typische Verhalten der SIEBEN wäre. In diesem Augenblick nährt sich die FÜNF von falschen Hoffnungen, was ihr jedoch noch größeres Unbehagen verursacht.

Die abhängige SIEBEN kann leicht ins aggressive und kritisch hinterfragende Ich der EINS verfallen. Der für die EINS typische

54

Zorn nimmt sie dann ganz gefangen und bewirkt, daß die SIEBEN von ihrem unerschütterlichen Optimismus abläßt, um endlich zu handeln, wenn sie „aus allen Wolken gefallen ist".

In der folgenden Abbildung beschäftigen wir uns mit der ACHT, der ZWEI und der VIER.

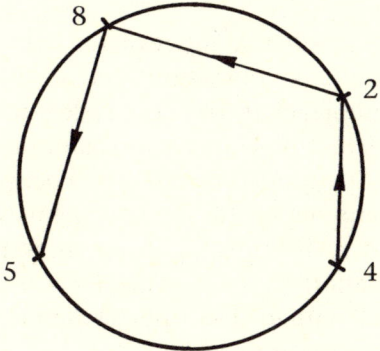

Abbildung 6

Die aggressive ACHT neigt dazu, in einer Konfliktsituation im Verhalten der FÜNF Schutz zu suchen. Für diesen Ich-Typ ist jedoch die Unterdrückung, die die FÜNF mit ihrem Egoismus ausübt, keineswegs gut. Die ACHT braucht die anderen, um weiterhin Kontakte knüpfen zu können, wohingegen sich die FÜNF auf der Suche nach „Weisheit" und „Einsamkeit" von der Welt entfernt.

Die abhängige ZWEI wird aggressiv und tendiert dazu, ins ACHTER-Ich zu verfallen, wenn sie sich von irgend jemandem falsch verstanden fühlt. Anders als der ACHT, deren Hauptmerkmal die Feindseligkeit ist, bereiten der ZWEI offene Konfrontationen Schwierigkeiten, und das verstärkt ihre Verzweiflung noch.

Die unterdrückte VIER tendiert zur ZWEI bei dem Versuch, sich anderen anzunähern, wenn sie sich besonders einsam fühlt. Dann geschieht ein wahrhaftiges Unglück, da sich die VIER nämlich nur in aussichtslosen Situationen an andere klammert.

Diese Zusammenhänge interessieren uns insofern, als in unserer Bachblütenkombination niemals diejenige Blüten-Essenz vorkommen darf, die der „Falle" des Ich-Typs entspricht – weder als unterstützendes Heilmittel noch als Blüte für spezifische Situationen. So dürfen wir beispielsweise in der Bachblütenkombination für die EINS niemals die Blüte verwenden, die der VIER entspricht. Ebensowenig darf in der Blütenkombination für die ZWEI die der ACHT entsprechende Bachblüte vorkommen. Die untenstehende Tabelle veranschaulicht diese Zusammenhänge:

ICH-TYPEN	1	2	3	4	5	6	7	8	9
FALLEN	4	8	9	2	7	3	1	5	6
AUSWEGE	7	4	6	1	8	9	5	2	3

Abbildung 7

Die *Auswege* sind jedoch die Befreiung für jeden Ich-Typ. Sie entsprechen den guten Eigenschaften, auf die sich Dr. Bach bezieht, und setzen das zwanghafte Fehlverhalten eines jeden außer Kraft.

Wenn wir uns nun auf den Abbildungen der vorherigen Seiten gegen die Pfeilrichtung bewegen, gelangen wir zum Ausweg. Folglich ist es für die EINS die SIEBEN. Der Ausweg für die ZWEI ist die VIER und so weiter (vergleiche Abbildung 7 und 8). Ein bestimmter Ich-Typ, der die Falle für den einen ist, ist für den anderen der Ausweg (siehe Kapitel 6).

Die Behandlungsdauer variiert von Mensch zu Mensch. Bei erstmaliger Anwendung der Bachblütenkombination soll diese Zeitspanne nicht weniger als 21 Tage ausmachen und neun Monate nicht überschreiten. Die erste Kombination besteht aus den Blütenmitteln für das dominierende Ich, bei der zweiten handelt es sich um dieselbe Kombination, erweitert um die Bachblüte, die dem „Ausweg-Ich" entspricht. Aber damit wollen wir uns später beschäftigen.

Wenn man auf die erste Kombination sofort anspricht, soll die Behandlung bis zu einer Dauer von drei Monaten fortgesetzt werden. Erst dann darf die zweite Kombination verabreicht werden. Wenn die Reaktion aber langwierig und schmerzhaft ist, dann gibt es dafür zwei mögliche Erklärungen: Entweder ist die Diagnose falsch, oder der Widerstand gegen die Behandlung muß durch Beigabe von *Wild Oat, Gentian, Walnut* oder *White Chestnut* vermindert werden. *Walnut* und *Gentian* finden in Fällen Anwendung, wo man an der Behandlung Zweifel hegt. *Walnut* ist außerordentlich wirkungsvoll, wenn man sich verunsichert fühlt. In diesem Fall wird uns *Walnut* während der Behandlung bestärken. *White Chestnut* hilft uns, wenn wir erreichen wollen, daß die Energie wieder ungehindert und freier fließt. Sollten wir eines dieser vier Blütenmittel beigeben, dürfen wir keinen anderen Bestandteil der ursprünglichen Kombination weglassen.

Natürlich können wir auch mit nur einer einzigen Bachblüte die Persönlichkeit behandeln – und zwar mit derjenigen,
die dem vorherrschenden Ich-Typ entspricht. Mehr als sechs
Bachblüten sollten wir nicht zusammenstellen, denn eine
davon wird sich sicherlich nicht mit den anderen vertragen.
Darauf müssen wir auch bei einer Kombination von sechs
Bachblüten achten. Bei Zugabe einer der vier obengenannten
Blüten muß man prüfen, daß sie nicht im Widerspruch zu den
fünf anderen Blüten der Kombination stehen.

6
Die Auswege des Ich-Typs
und die entsprechenden Bachblüten

Einen Ich-Zustand überwinden heißt nicht, sich seiner zu entledigen, sondern ihn zu begreifen, ihn zu akzeptieren und schließlich in entgegengesetzter Richtung zur Antriebskraft zu handeln. Dabei wird uns die Bachblüte für den „Ausweg" unterstützen.

Die aggressiven Typen ACHT, DREI und EINS werden toleranter, wenn sie sich an dem Verhalten orientieren, das der ZWEI, SECHS und SIEBEN entspricht.

Die abhängigen Typen werden freier, wenn sie sich an der unterdrückten FÜNF, NEUN und VIER orientieren. Diese letz-

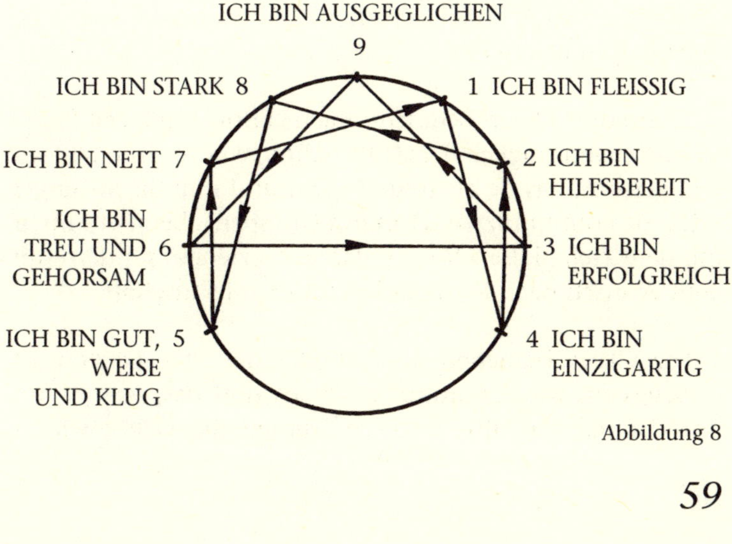

ICH BIN AUSGEGLICHEN
9
ICH BIN STARK 8   1 ICH BIN FLEISSIG

ICH BIN NETT 7   2 ICH BIN
                         HILFSBEREIT

ICH BIN
TREU UND 6   3 ICH BIN
GEHORSAM   ERFOLGREICH

ICH BIN GUT, 5   4 ICH BIN
   WEISE   EINZIGARTIG
UND KLUG

Abbildung 8

59

teren wiederum gehen in die Offensive, wenn sie sich der Aggressivität der ACHT, DREI und EINS nähern.

Um die Antriebskraft unseres Ich-Typs zu überwinden, müssen wir in der Abbildung 8 gegen die Pfeilrichtung gehen.

Für die EINS ist es heilsam, im Einklang mit der Fröhlichkeit, Spontaneität und Naivität der SIEBEN zu handeln. Nicht mehr so ernst, sondern gelöster können die EINSER entdecken, daß es weniger riskant ist, mit dem Leben zu spielen, als an Zorn zu leiden. Geschichten und Witze zu erzählen kann ihnen dabei helfen, die Besorgnis zu zerstreuen, die sie vorher blind machte. Sich im Leben und mit Optimismus wohl zu fühlen ist die Eigenschaft, die für diesen Ich-Typ notwendig wird.

Die ZWEIER sehen sich mit ihrer Antriebskraft konfrontiert, wenn sie sich auf die VIER zubewegen. Hier haben sie Anteil an der Einzigartigkeit der VIER, die ein tief empfundenes Gefühl von Fröhlichkeit und Schmerz besitzt. Jetzt bemühen sie sich eher, für ihre Talente und ihre Kreativität Anerkennung zu finden als darum, anderen zu helfen und sie damit von sich abhängig zu machen.

Wenn die DREI ihr Bedürfnis nach „Erfolg um jeden Preis" auf die Zuverlässigkeit der SECHS richtet, wird sie ihrem Idealbild gerecht, das sie als treue Person und mündigen Bürger zeigt. Sie kommuniziert dann mit Gruppen, aber nicht mehr mit dem Ziel, bloßen Nutzen daraus zu ziehen, sondern mit dem Wunsch nach Kooperation und Kameradschaft.

Die VIERER brauchen die Aktivität der EINS. Letztere ist unbeugsam, was Unordnung, Chaos und das, was sie für unrecht hält, betrifft. Insofern werden die VIERER wieder bodenständiger und realistischer, statt auf den betörenden Wolken ihrer Sensibilität zu wandeln. Daraus können sie dann Schönheit und Harmonie entwickeln, die sie zur Vervollkommnung anderer ausstrahlen.

Die FÜNFER bekämpfen ihren Impuls mit dem Stolz der ACHT. Sie haben dann die Fähigkeit, im Hinblick auf ihre Einsamkeit Entscheidungen zu treffen. Sie werden beweglicher, aktiver und aufgeweckter. Sie beginnen die Macht der ACHT einzusetzen, um ihre Meinung auszusprechen, statt sie zu verschweigen. Sie handeln eher intuitiv als rational, was ihnen eine größere Dimension ihrer Fähigkeiten erschließt.

Die SECHSER brauchen das Selbstvertrauen der NEUN. Statt die Welt an der Größe ihrer Gesetze und Normen zu messen, können sie mit Hilfe der NEUN lernen, das Leben eher nach den Maßstäben der Liebe, des Wohlergehens, der Harmonie und des Friedens zu bewerten.

Die SIEBENER überwinden ihre Antriebskraft dadurch, daß sie sich nach Art der FÜNF mit der Welt verbinden. Nachdenklicher, mehr nach innen schauend, kann die SIEBEN dann ihren inneren Raum mit mehr Weisheit und weniger Angst genießen. Sie kann sich selbst und andere besser beobachten und lernt auch Schmerz zu erfahren, ohne davor flüchten zu müssen.

Die ACHT kann durch die Uneigennützigkeit der ZWEI großzügiger und milder werden. Sie kann offener Beziehungen eingehen, die die Zuneigung zu anderen Menschen beinhalten. Zugänglicher geworden, werden die ACHTER zu hilfreichen und liebevollen Mitmenschen für die, die ihre Unterstützung brauchen.

Und schließlich wird die NEUN engagierter, während sie sich das Konkurrenzverhalten der DREI aneignet. Sie entdeckt ihr eigenes Potential und wird kreativer, wenn sie sich dem Enthusiasmus und Erfolgsbedürfnis der DREI zuwendet.

Wir haben nun also den Schlüssel zur Heilung gefunden. Nachdem wir die ursprüngliche Kombination für den Ich-Typ angewandt haben, können und müssen wir eine der Blüten weglassen und das Mittel für den *Ausweg* dazugeben. Aus der ursprünglichen Kombination streichen wir die unterstützende Bachblüte, deren Wirkung am intensivsten erlebt und verarbeitet wurde.

Wir wollen dies am Beispiel der EINS verdeutlichen. Die unterstützenden Bachblüten für *Vervain* sind *Walnut, Crab Apple, Holly* und *Impatiens*. Wenn *Walnut* Bestandteil einer ursprünglichen Kombination ist, darf es nie ersetzt werden. Es gibt bei diesem Blütenmittel bestimmte charakteristische Eigenschaften, die man nie überwinden, sondern nur im Einklang mit der Erfahrung und der Entwicklung bei der Behandlung erleben kann. Dies ist bei *Walnut* besonders zu beachten.

Angenommen, der Patient ist tatsächlich geduldiger mit sich selbst und den anderen geworden. Er hat Kontakt zu seinen inneren Bedürfnissen aufgenommen und ist nun fähig zu entspannen, sich ruhiger und weniger ängstlich zu fühlen. Dann ist der Moment gekommen, *Impatiens* wegzulassen und *Heather* beizugeben, die Blüte der SIEBEN.

Wie bereits erwähnt, ist *Heather* die Heilblüte für schwatzhafte Leute, die immer fröhlich und überschäumend sind. Bei der EINS wird diese Überschwenglichkeit angenehm und wirkungsvoll sein. *Heather* bringt sie dazu, unbeschwerter und aufmerksamer mit anderen Kontakt aufzunehmen. Wenn uns bestimmte Qualitäten fehlen, die wir entwickeln wollen, brauchen wir bei den Bachblüten nur auf das Mittel zurückzugreifen, zu dessen Eigenschaften solche Qualitäten gehören.

Ob aber die SIEBEN, deren Blüte *Heather* ist, mit der Überwindung ihrer Oberflächlichkeit reagiert, interessiert uns hier nicht. Wir wollen nicht die Fehler dieses Ich-Typs verstärken, sondern die guten Eigenschaften auf den Plan rufen, die sich aus der Anwendung zum Wohl der EINS gewinnen lassen. Mit anderen Worten wollen wir bei der EINS den Frohsinn und die Überschwenglichkeit der SIEBEN provozieren sowie eine neue Sicht der Welt einführen.

An diesem Punkt der Behandlung befassen wir uns mit den Blütenmitteln, die die Auswege für jeden Ich-Typ aufzeigen. Die *zweite Kombination,* die dann angewandt werden soll, ist:

EINS: *Vervain* – Blüte der EINS
Walnut
Crab Apple, Holly, Impatiens – eine dieser drei fällt weg.
Zugabe von *Heather* – Blüte der SIEBEN
Anmerkung: Niemals *Willow* zugeben, die Blüte der VIER, denn das ist die „Blütenfalle" der EINS.

ZWEI: *Chicory* – Blüte der ZWEI
Centaury, Larch, Clematis, Crab Apple – eine dieser vier fällt weg.
Zugabe von *Willow* – Blüte der VIER
Anmerkung: Niemals *Vine* zugeben, die Blüte der ACHT, denn das ist die Blütenfalle der ZWEI.

DREI: *Oak* – Blüte der DREI
Agrimony, Centaury, Gentian, Water Violet – eine dieser vier fällt weg.
Zugabe von *Rock Water* – Blüte der SECHS

Anmerkung: Niemals *Wild Rose* zugeben, die Blüte der NEUN, denn das ist die Blütenfalle der DREI.

VIER: *Willow* – Blüte der VIER
Clematis, Holly, Water Violet, Honeysuckle – eine dieser vier fällt weg.
Zugabe von *Vervain* – Blüte der EINS
Anmerkung: Niemals *Chicory* zugeben, die Blüte der ZWEI, denn das ist die Blütenfalle der VIER.

FÜNF: *Water Violet* – Blüte der FÜNF
Beech, Cerato, Clematis, Honeysuckle – eine dieser vier fällt weg.
Zugabe von *Vine* – Blüte der ACHT
Anmerkung: Niemals *Heather* zugeben, die Blüte der SIEBEN, denn das ist die Blütenfalle der FÜNF.

SECHS: *Rock Water* – Blüte der SECHS
Scleranthus, Chestnut Bud, Aspen, Impatiens – eine dieser vier fällt weg.
Zugabe von *Wild Rose* – Blüte der NEUN
Anmerkung.: Niemals *Oak* zugeben, die Blüte der DREI, denn das ist die Blütenfalle der SECHS.

SIEBEN: *Heather* – Blüte der SIEBEN
Honeysuckle, Clematis, Cerato, Agrimony – eine dieser vier fällt weg.
Zugabe von *Water Violet* – Blüte der FÜNF
Anmerkung: Niemals *Vervain* zugeben, die Blüte der EINS, denn das ist die Blütenfalle der SIEBEN.

ACHT: *Vine* – Blüte der ACHT
Beech, Impatiens, Vervain, Star of Bethlehem – eine dieser vier fällt weg.

Zugabe von *Chicory* – Blüte der ZWEI
Anmerkung: Niemals *Water Violet* zugeben, die Blüte der FÜNF,
denn das ist die Blütenfalle der ACHT.

NEUN: *Wild Rose* – Blüte der NEUN
Crab Apple, Aspen, Centaury, Honeysuckle – eine dieser vier fällt
weg.
Zugabe von *Oak* – Blüte der DREI
Anmerkung: Niemals *Rock Water* zugeben, die Blüte der SECHS,
denn das ist die Blütenfalle der NEUN.

7
Die 14 Bachblüten
für spezifische Situationen

Im folgenden beschäftigen wir uns mit den Bach-Blüten-Essenzen, die zu keinem der erwähnten Ich-Typen passen.

Bei der Verbindung von Bachblüten und Enneagramm verwenden wir neun spezifische Bachblüten für neun entsprechende Ich-Typen. Wir setzen außerdem 16 unterstützende Bachblüten für diese Ich-Typen ein. Es bleiben 14 Blüten übrig, die wir jedoch keineswegs ausschließen, sondern die wir in spezifischen Situationen oder Notfällen anwenden.

Rescue Remedy oder „Notfalltropfen" wurden von Dr. Bach als das Heilmittel bezeichnet, das wir zur Ersten Hilfe und in schwierigen Momenten immer zur Hand haben sollten. Damit wollen wir uns hier nicht beschäftigen. Die 13 verbleibenden Bachblüten werden im Rahmen der Arbeit mit dem Enneagramm in Grenzsituationen, in die uns unsere Verzweiflung bringen kann, angewendet. In solchen Momenten ist unsere Seele auf Hilfe angewiesen.

Normalerweise treten diese Zustände dann auf, wenn wir in unsere Fallen tappen und nicht mehr herauskommen. Sie zeigen uns den tiefen Widerspruch zwischen unserem wahren Wesen und dem eigenen oberflächlichen Charakter. Dann stehen wir vor unserem Widerstand wie vor einer Mauer. Wir sind so gebeutelt, als hätten wir uns einem Orkan ausgesetzt.

Die 13 Blütenmittel sind:

Red Chestnut, White Chestnut, Cherry Plum, Wild Oat, Rock Rose, Sweet Chestnut, Pine, Olive, Mustard, Mimulus, Hornbeam, Gorse und *Elm*. In Anhang 2 finden wir eine Beschreibung jeder dieser Blüten nach Dr. Bach.

Red Chestnut ist ein Blütenmittel für recht eigene Menschen. Im allgemeinen haben Personen, die diese Blüte brauchen, bedenkliche charakterliche Abweichungen. Es sind Leute, die eine sehr negative Morbidität ausstrahlen und deren größtes Problem – ob bewußt oder unbewußt – darin besteht, am Unglück Vergnügen zu finden. Dies könnte der Pathos der VIER sein, aber auch jeder der anderen erwähnten Ich-Typen – mit Ausnahme vielleicht der SIEBEN – kann diese Abweichung aufweisen, wenn er in seine Falle geht.

White Chestnut kann für jeden Ich-Typ eingesetzt werden. Es hilft bei ständigem Kreisen um ein Problem, bei immer wiederkehrenden Gedanken. So soll es denen verschrieben werden, die dringend eine geistige Verschnaufpause brauchen, um dadurch wieder zu innerer Stille und kreativem Denken zu finden.

Cherry Plum ist die Blüte bei Furcht vor Verrücktwerden, wenn man Angst davor hat, die Kontrolle zu verlieren, und kann in Krisensituationen für alle Ich-Typen hilfreich sein. Für diesen Zustand am ehesten anfällig sind die VIER, die FÜNF und die SECHS.

White Chestnut in Verbindung mit *Cherry Plum* bildet eine hilfreiche Kombination für Situationen, in denen das Ich völlig die Orientierung verloren hat.

68

Wild Oat ist die Blüte für Momente der Unentschlossenheit, die nicht nur bei einem bestimmten Ich-Typ auftreten. Es sind eher die allgemeinen Zweifel, mit denen jeder zu einem bestimmten Zeitpunkt seiner Existenz fertig werden muß, gleich welches unser Haupt-Ich-Typ ist.

Rock Rose hilft in Extremsituationen bei Angst und Panikzuständen unabhängig vom jeweiligen Ich-Typ.

Sweet Chestnut ist sehr wirksam, wenn wir in unsere Falle geraten. Oftmals haben wir in diesem Zustand nichts mehr, das uns weiterhilft. Wir tappen im dunkeln und sind dann wie gelähmt. In diesem Moment brauchen wir *Sweet Chestnut*.

Schuldgefühle und Selbstvorwürfe sind nicht nur für einen einzigen Ich-Typ charakteristisch. Jeder kennt sie, auch die ACHT, wenngleich es ihre Schuld ist, daß sie sich niemals schuldig fühlt. *Pine* ist ideal, wenn uns Schuldgefühle in die Vergangenheit zurückwerfen und uns den Blick auf die Wahrheit des gegenwärtigen Augenblicks verstellen.

Olive ist ein bewährtes Heilmittel gegen Erschöpfung. Manchmal müssen wir in der Darstellung und Aufrechterhaltung unseres Ich-Typs so überzeugend auftreten, daß wir schließlich ausgelaugt sind. Aber auch nach erschöpfenden Situationen, die wir nicht provoziert haben, hilft uns *Olive*, unsere Energie zu erneuern.

Die größte Depression wird durch die Trennung verursacht, die zwischen unserem eigentlichen Wesen und dem auftritt, was wir für uns wichtig nennen. Diese Spaltung ist Grund unseres Unglücks. Deshalb hilft *Mustard* all denen, die sich selbst entfremdet sind und sich deshalb von jener Trostlosigkeit erholen müssen.

In unserer Gesellschaft leiden viele Menschen an der Furcht vor belastenden Situationen im Alltag, wie etwa Gewalt, Hunger, Angst vor dem Tod, der Krankheit und dem Alter. *Mimulus* hilft in den Momenten, in denen diese Art von Angst intensiv auftritt.

Hornbeam kann ausgezeichnet für die NEUN sein, wenn sie in einer Krise steckt, aber es wirkt bei allen Ich-Typen. *Hornbeam* bringt klaren Verstand, macht jeden Tag lichtvoller und hält unsere Augen selbst bei Schläfrigkeit offen.

Wie *Red Chestnut* ist auch *Gorse* bei allen Ich-Typen angezeigt, wenn es eine Abweichung in der Persönlichkeit gibt. Es sind die Momente größter Depression, in denen wir an nichts mehr glauben, nicht einmal an das Leben oder den Tod. *Gorse* hilft dem Organismus, sein Gleichgewicht wiederzufinden, indem es den Körper wieder mit Geist und Seele in Einklang bringt.

Elm ist für all jene bestimmt, die gerade Phasen körperlicher oder geistiger Erschöpfung durchleben. Es ist ein starkes und wirkungsvolles Wiederaufbaumittel.

8
Wie man eine Diagnose stellt

Mit den Menschen, die Hilfe suchen, führen wir lange Gespräche über ihr Leben, ihre früheren und ihre aktuellen Probleme. Es ist nicht nur unsere Absicht, diese Umstände kennenzulernen, sondern uns allmählich ein Bild von dem möglichen Ich-Typ dieser Personen zu machen. Ihre Sicht der Welt, die Worte und Sätze, die sie verwenden, eventuell auch das Verhältnis zu betrachten, das sie zu sich selbst haben, ist schon ein sicherer Weg auf unser Ziel hin.

Auch soll die Blütenkombination dem Patienten nicht gleich am ersten Tag gegeben werden, es sei denn, er wird vorher davon in Kenntnis gesetzt und bringt einen engen Freund oder einen Verwandten mit, dem er vertraut. Wenn das nicht möglich ist, wird nach dem ersten Gespräch ein neuer Termin vereinbart, und der Patient nimmt zwei Sätze von je neun Fragebögen zur Bestimmung seiner Persönlichkeit mit nach Hause. (In Anhang 1 finden wir zu jedem der neun Ich-Typen einen Fragebogen mit je 20 Fragen zu entsprechenden Charaktereigenschaften.) Einer der beiden Sätze von Fragebögen muß vom Patienten selbst und der andere von einer befreundeten Person ausgefüllt werden. Wir müssen diese Person dazu anhalten, im Hinblick auf das psychologische Profil des anderen absolut ehrlich zu sein.

Die Antworten für jeden Ich-Typ stellen für uns eine wichtige Orientierungshilfe dar und ergänzen unseren Eindruck vom Erstgespräch. Wir betrachten die Aussagen genau und vergleichen die Listen des Patienten und seines Freundes, wobei wir bei widersprüchlichen Aussagen die Antworten des Freundes doppelt so hoch bewerten. Die angekreuzten Antworten für jeden Ich-Typ werden addiert, die höchste Endsumme zeigt uns die vorherrschende Persönlichkeit. Haben zwei Ich-Typen die gleiche Punktzahl erreicht, müssen wir prüfen, ob der eine die „Falle" des anderen darstellt. Ansonsten treffen wir anhand unserer eigenen Beobachtungen eine Entscheidung.

Ist der Ich-Typ gefunden, stellen wir die entsprechende Bachblütenkombination zusammen.

Wir bitten die Person eindringlich, ganz genau auf jede körperliche oder emotionale Veränderung zu Beginn der Behandlung zu achten. Wir müssen neu auftretende Symptome notieren und sie den Charakterzügen des Ich-Typs, den wir bearbeiten, und denen der „Blütenfalle" gegenüberstellen.

Wenn im weiteren Verlauf eine körperliche Veränderung eintritt, müssen wir das vermerken und darauf dringen, daß der Patient auch weiterhin auf psychische oder emotionale Veränderungen achtet, die im Normalfall mit den körperlichen Veränderungen einhergehen. Durch das Beobachten der Reaktionen können wir Gewißheit für unsere richtige Diagnose erlangen, was den Ich-Typ beziehungsweise den psychologischen Widerstand jeder einzelnen Person betrifft, den wir überwinden müssen.

Für die Blütenkombination verwenden wir 30-ml-Fläschchen mit Pipette. Diese Fläschchen dürfen nicht mit einem chemischen Mittel desinfiziert werden, denn dies würde die Inhaltsstoffe der Kombination verändern. Verwenden Sie nur heißes Wasser zur Reinigung. Die Zubereitung der Kombination ist sehr einfach: Füllen Sie das Fläschchen mit Mineralwasser ohne Kohlensäure und geben Sie zwei Tropfen von jeder Blüten-Essenz der Kombination hinzu. Gut schütteln. Das Heilmittel ist fertig und soll in üblicher Dosierung verabreicht werden: vier Tropfen morgens auf nüchternen Magen, nochmals vier Tropfen in zwei Dosen über den Tag verteilt, und die letzte Dosis von vier Tropfen vor dem Schlafengehen. Falls nötig, kann die Dosis erhöht oder gesenkt werden, soll aber acht Dosen pro Tag nicht übersteigen. Die erste Einnahme auf nüchternen Magen und die letzte vor dem Schlafengehen sind jedoch immer verbindlich. Nur in Notfällen sollen Bachblüten stündlich oder sogar halbstündlich verabreicht werden, wobei diese Blütenmittel dann speziell auf den Moment oder die Situation abgestimmt sein sollen.

Die Anzeichen von Heilung bei der Persönlichkeit

Natürlich gibt es unzählige individuelle Reaktionen auf die Bachblüten. Im Anfangsstadium können wir jedoch ein mehr oder weniger ähnliches Schema beobachten. Wenn wir das erste Mal Kontakt mit der Antriebskraft unseres Ich-Typs aufnehmen, reagieren wir normalerweise unzufrieden und versuchen gelegentlich, das Medikament abzusetzen. Einige Personen zeigen jedoch schon nach einer Woche eine wesentliche Besserung. Wir schreiben dies der Tatsache zu, daß sich der Betreffende auf einer höheren Ebene seiner eigenen Antriebskraft bewußt wird, die – wenn auch unbewußt – doch bereits existierte.

Bald nach der ersten Wirkung des Heilmittels auf den Organismus kommt der Prozeß ungehemmter und fließender ins Rollen. Das zeigt sich darin, daß der Patient ein allgemeines Wohlempfinden verspürt. Das hat zwar noch nichts mit wirklicher Heilung zu tun, bedeutet aber den ersten Schritt in diese Richtung. Im Verlauf der Behandlung versuchen einige Patienten über ihre Ich-Falle zu „entwischen". Sie erzählen uns, daß sie einen Rückfall hatten. Wir müssen das aufmerksam beobachten, da man im Normalfall ein und dieselbe Kombination bis auf weiteres beibehalten soll. In Fällen, wo der Patient seinem Rückfall ziemlich pessimistisch gegenübersteht, können wir eine der vier auf Seite 57 angegebenen Bachblüten hinzufügen. Diese Blüten zerstreuen die Zweifel, die an diesem Punkt der Behandlung möglicherweise bestehen.

Eine Heilung erfolgt erst in der zweiten Behandlungsphase, wenn wir die ursprüngliche Kombination durch die Zugabe der Bachblüte für das „Ausweg-Ich" verändern. Bei dieser Zusammenstellung sollten wir für mindestens drei Monate bleiben und die Reaktionen aufmerksam beobachten.

Allmählich können wir im direkten Kontakt mit unserem Patienten den Abschluß oder das Ende der Behandlung einleiten. Wie Dr. Bach sagt: „Die Heilkunst wird aus der Domäne allein physischer Behandlungsmethoden des Körpers zu spiritueller und geistiger Heilkunst übergehen ... Es erscheint durchaus möglich, daß, wenn die medizinischen Berufe diese Tatsachen und Fortschritte nicht erkennen, die Kunst des Heilens mit spirituellem Wachstum der Menschen in die Hände religiöser Orden oder auf solche geborenen Heiler unter den Menschen übergeht, die es in jeder Generation gibt ... Der Arzt der Zukunft wird zwei große Ziele haben. Das erste wird sein, dem Patienten dabei zu helfen, Kenntnis von sich selbst zu erlangen, und ihm jene grundlegenden Fehler aufzuzeigen, die er begehen mag, Unzulänglichkeiten seines Charakters, die er ausgleichen sollte, und die Mängel seines Wesens, die beseitigt und durch die entsprechenden Tugenden ersetzt werden müssen. Solch ein Arzt muß die Gesetze, welche die Menschheit und menschliches Wesen beherrschen, ernsthaft studieren, so daß er in jedem, der zu ihm kommt, jene Elemente erkennen kann, die einen Konflikt zwischen der Seele und der Persönlichkeit verursachen. Er muß fähig sein, dem Leidenden zu raten, wie die erforderliche Harmonie am besten erreicht werden kann, welche Handlungen gegen die Einheit er aufgeben muß, und welche notwendigen Tugenden er entwickeln muß, um seine Mängel auszulöschen."[8] Im Sinn dieser Worte werden wir uns nicht als „Ärzte" einstufen – es sei denn, wir sind wirklich welche, und zwar am besten solche Ärzte, die dem Vorbild von Dr. Bach entsprechen –, sondern als Seelenheiler. In der Abschlußphase der Behandlung können und müssen wir unserem Patienten zeigen, welch weiten Weg wir gemeinsam gegangen sind, um die Antriebskraft aus seiner Persönlichkeit zu eliminieren. Nun wird er eher für das lange Gespräch bereit sein, das den Abschluß unserer Behandlung darstellt. Die gesamte unterstützende Kombination, inklusive die Bachblüte, die dem vorherrschenden Ich-Typ entspricht, wird abgesetzt, und der Patient soll nur noch das Blütenmittel des „Ausweg-Ichs" einnehmen, und zwar zweimal täglich, morgens und abends, mindestens zwei Jahre lang. Das „Ausweg-Ich" wird während dieser Jahre der Selbstfindung das Gegenmittel sein, mit den Worten des Enneagramms die „Umkehr". Wir müssen den Patienten auch über die guten Eigenschaften seines Ich-Typs aufklären, die ihn befreien können. Wir müssen ihm sagen, daß die ganze Verzweiflung, in der er steckte, in einem ganz bestimmten Fehler seines vorherrschenden Ich-Typs begründet lag, den er mit einer guten Eigenschaft verwechselt hat. Auf diesen Fehler – die Antriebskraft – müssen wir aufmerksam machen – wenn dies nicht schon im Verlauf der Behandlung selbst geschehen ist –, damit der Patient sich in Krisensituationen, in die er möglicherweise in Zukunft gerät, dieser Abläufe wirklich bewußt werden kann.

9
Über die guten Eigenschaften hinaus

Wenn wir uns Gott zuwenden, wenden wir uns uns selbst zu. Das ist die wahre Begegnung mit unserem göttlichen Partner, von dem wir bei unserer Ur-Entstehung getrennt wurden.

In Wirklichkeit ist die Art, wie jeder Ich-Typ seinen Platz in der Welt einnimmt, ein fehlgeleiteter Versuch, Gott zu erreichen. Aber nach dem Kontakt mit unseren eigenen wahren Tugenden können wir uns nun eine genauere Vorstellung davon machen, wie wir zum Göttlichen zurückfinden können. Anhand der beiden folgenden Abbildungen möchte ich dies ausführlicher erklären.

Abbildung 9 zeigt einen falschen Weg, der uns vermeintlich zu einer Begegnung mit Gott führt. In Abbildung 10 sehen wir die Umkehr der Seele, die nun wirklich auf Gott gerichtet ist.

Das Ideal von Wachstum kann die EINS von ihrer Falle, der Perfektion, erlösen. Wenn sie erkennt, daß das Leben nichts Statisches, Vorherbestimmtes ist, sondern etwas, das beinhaltet, daß man auf dem Weg zur Reife auch Fehler macht, so ist das der erste Schritt für die Umkehr dieses Ich-Typs. Das eigentliche spirituelle Wachstum erscheint dann als ein Prozeß, den man durchleben muß, und nicht als etwas, das man sich durch Perfektion und korrektes Handeln verdient hat.

Das Ideal der Gnade, die sie erfährt, ist das, was die ZWEI von ihrer Vorstellung des Schenkens erlösen kann. Sie erkennt, daß sie die Liebe Gottes nicht durch den Tausch von Gefühlen erkaufen kann, wie sie es gewöhnlich bei anderen Menschen versucht hat. Sie spürt, daß sich die göttliche Kraft über ihr und durch sie bedingungslos verströmt. Auf diesem Weg lernt die ZWEI zu geben, ohne etwas dafür zu verlangen oder zu erhoffen.

Die Impulsivität der DREI erlischt in dem Moment, in dem sie sich dem Willen Gottes anvertraut. Dieses Vertrauen ist ihr „Gegenmittel", und sie begreift dann, daß sie all ihre individuellen Talente zum Ausdruck bringen kann, ohne daß es zwischen diesen zu einer Rivalität kommt.

IRRTÜMER DES VORHERRSCHENDEN ICH-TYPS

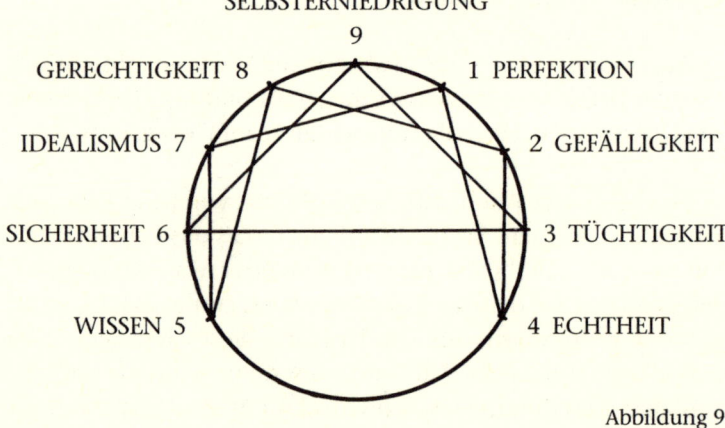

SELBSTERNIEDRIGUNG
9
GERECHTIGKEIT 8   1 PERFEKTION
IDEALISMUS 7   2 GEFÄLLIGKEIT
SICHERHEIT 6   3 TÜCHTIGKEIT
WISSEN 5   4 ECHTHEIT

Abbildung 9

GÖTTLICHE IDEALE

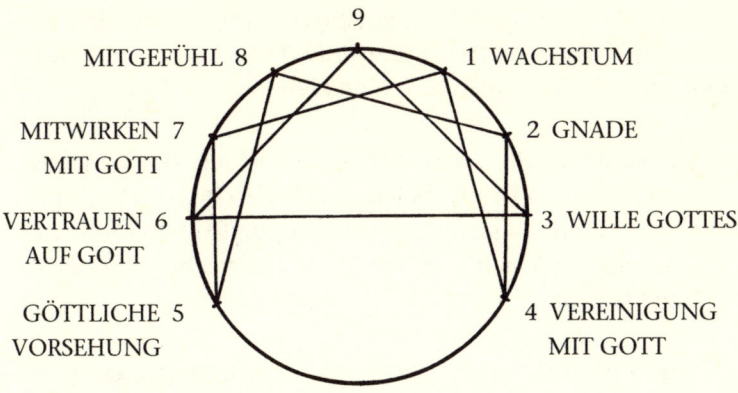

Abbildung 10

Die VIER wird wirklich etwas Besonderes, und dies nur durch die Vereinigung mit Gott. Sie erkennt, daß für Gott alle Menschen ohne Ausnahme etwas Besonderes und Unersetzliches sind. Sie lebt jetzt mehr in der Gegenwart und vertreibt Nostalgie und traurige Erinnerungen an die Vergangenheit.

Die unersättliche Suche der FÜNF nach Wissen findet ein Ende, wenn sie erkennt, daß auf der Erde zu sein bedeutet, für zwischenmenschliche Beziehungen zu leben. Das Ideal der göttlichen Vorsehung gibt der FÜNF die Gelegenheit, sich einer Weisheit anzuvertrauen, die für sie sorgt. Sie deutet die göttlichen Signale jetzt eher als eine Hilfe von außen für ihr eigenes Wesen und kann dann eine wahrhaftige innere Weisheit erfahren.

Im Vertrauen in Gott befreit sich die SECHS von ihrer Unsicherheit. Sie begreift, daß das göttliche Gesetz, das anders

79

ist als das Gesetz der Menschen, nur die Liebe Gottes zu seinen Kindern umfaßt. Sogar ihre Vorstellung von Religion als einem System von Regeln und Ritualen, die erfüllt werden müssen, bricht in dem Moment zusammen, in dem die SECHS einsieht, daß ihr nichts Böses zustoßen kann, da ihr Glaube an Gott und ihr Vertrauen auf seine Liebe sie schützen.

Die SIEBEN als Mit-Wirkerin am göttlichen Werk erkennt, daß dieses Fröhlichkeit, aber auch Schmerz beinhaltet. Wenn sie diesen Punkt verstanden hat, akzeptiert sie den Schmerz, der ihr eigenes Wachstum auf der Suche nach wahrer Fröhlichkeit begleitet.

Die Gerechtigkeit als Falle der ACHT gerät durch das göttliche Ideal des Mitgefühls ins Wanken. Nur dieses Ideal, das die Möglichkeit der Verzeihung bietet, kann die ACHT retten. So hört sie dann auf, andere und sich selbst zu be- und verurteilen, und eröffnet sich damit einen inneren Raum von Verständnis und Toleranz.

Mit ihrer Selbsterniedrigung sucht die NEUN nach äußeren Reizen, die ein bißchen Farbe in ihr Leben bringen sollen. Nur durch die bedingungslose Liebe zu Gott wird sie sich selbst so, wie sie ist, als bedingungslos geliebt empfinden.

So können wir einfach die guten Eigenschaften des „Ausweg-Ichs" für die Heilung der Persönlichkeit von der Antriebskraft einsetzen. In der „Umkehr" aber gehen wir noch einen Schritt weiter: Wir transformieren die guten Eigenschaften in Seins-Zustände.

Die folgende Abbildung faßt die Zustände zusammen, die jeder Ich-Typ erreichen kann:

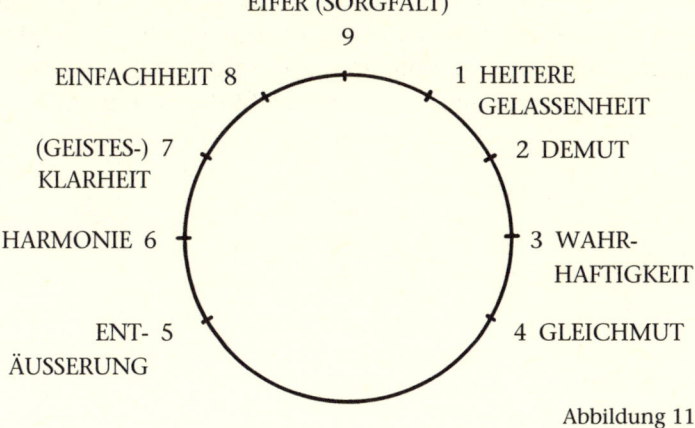

EIFER (SORGFALT)
9

EINFACHHEIT 8

1 HEITERE GELASSENHEIT

(GEISTES-) 7 KLARHEIT

2 DEMUT

HARMONIE 6

3 WAHR- HAFTIGKEIT

ENT- 5 ÄUSSERUNG

4 GLEICHMUT

Abbildung 11

Ich glaube, daß es sehr wertvoll sein kann, sich die Stufen bewußt zu machen, die durch das Enneagramm und die Bachblüten erreicht werden können. Ob man einen Schritt weitergehen oder bei den guten Eigenschaften stehenbleiben will – die Entscheidung darüber liegt ganz bei uns. Ich glaube, daß die Bachblüten ebenso wie das Enneagramm im Hinblick auf individuelles Wachstum gleichermaßen angewandt werden können. Es hängt davon ab, was jede/r für sich selbst sucht.

So halten wir für Selbstheilung und Selbsterkenntnis ein Instrumentarium äußerst wertvoller Mittel in Händen. Es hängt davon ab, wie wir unserem Leben gegenübertreten und was wir für uns selbst erreichen wollen. Wie Dr. Bach sagt: „Laßt uns schließlich keine Angst haben, ins Leben hineinzutauchen; wir sind hier, um Erfahrungen und Wissen zu gewinnen, und wir werden nur wenig lernen, wenn wir uns dem Leben nicht stellen und uns bis zum Äußersten bemühen …"[9]

Natürlich schließt das Wissen, auf das er sich bezieht, auch unsere Selbst-Erkenntnis mit ein. Und aus diesem Grund sind Enneagramm und Bachblüten wahrhaftige Schätze, vor allem dann, wenn man liebevoll und bewußt damit umgeht.

Anhang 1
Fragebögen

In diesem Anhang finden Sie zu jedem einzelnen Ich-Typ einen Fragebogen mit je 20 typischen Charaktermerkmalen.* Es sollten immer alle neun Fragebögen ausgefüllt werden. Wir verwenden hier statt des Begriffs „Ich-Typ" der Übersichtlichkeit halber nur die Zahlen.

Fragebögen

Kreuzen Sie die für Sie zutreffenden Aussagen an. Geben Sie die gleiche Liste einem engen Freund oder Verwandten.

EINS

☐ 1. Ich strenge mich an, meine Fehler abzulegen.

☐ 2. Es beunruhigt mich oft, daß vieles nicht so ist, wie es sein sollte.

☐ 3. Ich hasse es, Zeit zu vergeuden.

☐ 4. Ich tadle mich oft selbst, daß ich etwas nicht besser gemacht habe.

☐ 5. Oft kann mir ein ganz kleiner Fehler beziehungsweise Mangel alles verderben.

☐ 6. Es fällt mir schwer, mich zu entspannen und spielerisch übermütig zu sein.

---

* Der Abdruck der Fragebögen erfolgt mit freundlicher Genehmigung des Echter Verlages aus: M. Beesing, R. J. Nogosek, P. H. O'Leary, „Das wahre Selbst entdecken", Würzburg 1992.

☐ 7. Oft schwirren mir kritische Stimmen im Kopf herum, die mich und andere in Frage stellen.

☐ 8. Ich mache mir anscheinend mehr Sorgen als andere.

☐ 9. Ich fühle mich von innen heraus gezwungen, ehrlich zu sein.

☐ 10. Manchmal entdecke ich puritanische Züge an mir.

☐ 11. Es ist wichtig für micht, recht zu behalten.

☐ 12. Oft habe ich ein bedrängendes Gefühl, daß mir die Zeit davonläuft und es noch so viel zu tun gibt.

☐ 13. Ich fühle mich verantwortlich für den Gebrauch meiner Zeit.

☐ 14. Es ist gut möglich, daß ich ängstlich und skrupelhaft bin.

☐ 15. Wenn es darum geht, einen Kreuzzug gegen das Böse zu führen, bin ich gleich dabei.

☐ 16. Wenn etwas Unredliches geschieht, beunruhigt mich das sehr.

☐ 17. Ich fühle mich gezwungen, ständig zu versuchen, mich selbst und mein Handeln zum Besseren hin zu verändern.

☐ 18. Ich meine, ich muß erst perfekt sein, bevor andere mir Liebe und Anerkennung schenken können.

☐ 19. Oft bin ich frustriert, weil weder ich noch andere so sind, wie sie eigentlich sein sollten.

☐ 20. Ich neige dazu, alles in die Kategorien „richtig" oder „falsch", „gut" oder „schlecht" einzuordnen.

ZWEI

☐ 1. Viele Menschen sind auf meine Hilfe und Großzügigkeit angewiesen.

☐ 2. Anderen zu helfen ist für mich wichtiger als alles andere.

☐ 3. Ich brauche das Gefühl, daß ich für andere wichtig bin. Es tut mir gut, wenn ich gebraucht werde.

84

☐   4. Viele Menschen fühlen sich mir verbunden.

☐   5. Ich lobe andere gern oder mache ihnen Komplimente.

☐   6. Ich helfe anderen gern, aus Schwierigkeiten oder peinlichen Situationen herauszukommen.

☐   7. Ich fühle mich von innen heraus angetrieben, anderen zu helfen, selbst wenn mir gar nicht danach zumute ist.

☐   8. Oft suchen mich Menschen auf, um sich Trost und Rat zu holen.

☐   9. Oft fühle ich mich dadurch überfordert, daß andere so abhängig von mir sind.

☐ 10. Ich selbst habe kaum Bedürfnisse.

☐ 11. Manchmal habe ich den Eindruck, daß ich nicht genügend geschätzt werde für das, was ich für andere getan habe.

☐ 12. Ich bin anderen Menschen sehr gern nahe.

☐ 13. Manchmal fühle ich mich von anderen im Stich gelassen und ausgenutzt.

☐ 14. Lieben und geliebt werden ist für mich das Wichtigste im Leben.

☐ 15. Es ist für mich sehr wichtig, Gefühle auszudrücken.

☐ 16. Ich verdiene es, im Leben der anderen die wichtigste Person zu sein, habe ich doch so viel für sie getan.

☐ 17. Ich sehe mich selbst als sehr fürsorglichen, mütterlichen Menschen.

☐ 18. Meine Freizeit verbringe ich häufig damit, anderen zu helfen.

☐ 19. Ich nehme mit meinen Freunden häufiger Verbindung auf als sie mit mir.

☐ 20. Ich kümmere mich gern um andere Menschen.

DREI

☐   1. Ich tue alles, um in Schwung zu bleiben.

☐   2. Ich arbeite gern im Team und bin ein gutes Teammitglied.

- [ ] 3. Ich bin für Genauigkeit und fachliche Kompetenz.
- [ ] 4. Es liegt in meiner Natur, zu organisieren und Aufgaben erfolgreich zu Ende zu führen.
- [ ] 5. Das Wort „Erfolg" bedeutet mir sehr viel.
- [ ] 6. Ich stecke mir klare Ziele ab und möchte auch wissen, wo ich jeweils auf dem Weg zu diesen Zielen stehe.
- [ ] 7. Ich habe eine Vorliebe für Erfolgskurven, gute Noten und andere Auszeichnungen, an denen man ablesen kann, daß ich vorankomme.
- [ ] 8. Andere beneiden mich, weil ich so viel erreiche.
- [ ] 9. Ich lege großen Wert darauf, als eine tüchtige, erfolgreiche Persönlichkeit zu gelten.
- [ ] 10. Entscheidungen zu treffen fällt mir nicht schwer.
- [ ] 11. Um erfolgreich zu sein, muß man zuweilen Kompromisse eingehen.
- [ ] 12. Wenn ich an meine Vergangenheit zurückdenke, fallen mir eher meine Erfolge ein als das, was mir weniger gut gelungen ist oder sogar falsch war.
- [ ] 13. Ich hasse es, wenn man sagt, daß das, was ich tue, vergeblich ist oder nicht gelingt.
- [ ] 14. Mir gelingt es im allgemeinen mehr, Projekte zu initiieren, als sie bis zum Ende durchzuziehen.
- [ ] 15. Ich könnte gut für ein neues Projekt werben.
- [ ] 16. Ich kann mich mit meiner Arbeit oder mit meiner Rolle so sehr identifizieren, daß ich vergesse, wer ich bin.
- [ ] 17. Ich bin überzeugt, daß der äußere Eindruck wichtig ist, daß Auftreten und Erscheinung etwas gelten.
- [ ] 18. Ich glaube, bevor andere Notiz von mir nehmen, muß ich erst eine Menge Leistung und Erfolg vorweisen.
- [ ] 19. Ich bin meistens zuversichtlich und unternehmungslustig.
- [ ] 20. Der erste Eindruck ist für mich entscheidend.

VIER

☐ 1. Die meisten Menschen wissen die wahre Schönheit des Lebens nicht zu schätzen.

☐ 2. Ich habe einen Hang zur Nostalgie und beschäftige mich oft mit meiner Vergangenheit.

☐ 3. Ich bemühe mich, zwanglos und natürlich zu erscheinen.

☐ 4. Ich habe einen besonderen Sinn für Symbole.

☐ 5. Andere Menschen können keine so intensiven Gefühle haben wie ich.

☐ 6. Anderen geht oft die Fähigkeit ab, zu verstehen, wie ich fühle.

☐ 7. Ich liebe es, Dinge auf besondere Art zu tun.

☐ 8. Die Umwelt und alles, was mich umgibt, ist sehr wichtig für mich.

☐ 9. Ich mag Theater sehr gern und stelle mir vor, selbst auf der Bühne zu stehen.

☐ 10. Gepflegte Umgangsformen und erlesener Geschmack sind für mich von großer Wichtigkeit.

☐ 11. Ich mag nicht als bloßer Durchschnittsmensch gelten.

☐ 12. Gedanken an Leiden, Verlust und Tod können mich ganz in Beschlag nehmen.

☐ 13. Manchmal fürchte ich, daß meine Gefühle und Empfindungen noch nicht tief genug sind.

☐ 14. Ich kann sehr leicht die emotionale Atmosphäre in einer Gruppe wahrnehmen, so daß ich oft nicht merke, wo meine eigenen Gefühle aufhören und die der anderen anfangen.

☐ 15. Es macht mir mehr als anderen zu schaffen, wenn Beziehungen in die Brüche gehen.

☐ 16. Ich kann mich gut in die Rolle des „tragischen Clowns", der unter Tränen lächelt, hineinversetzen.

☐ 17. Man sagt mir nach, ich sei reserviert und zurückhaltend.

☐ 18. Entweder fühle ich mich himmelhoch jauchzend oder zu Tode betrübt. In der Mitte fühle ich mich nicht sehr lebendig.

☐ 19. Man wirft mir vor, ich würde alles zu sehr dramatisieren; aber diese Menschen verstehen im Grunde nicht, was ich empfinde.

☐ 20. Kunst und künstlerischer Ausdruck sind für mich unverzichtbare Möglichkeiten, meine Gefühle und Empfindungen angemessen auszudrücken.

FÜNF

☐ 1. Ich behalte meine Gefühle eher für mich.

☐ 2. Ich halte an dem fest, was ich besitze und sammle, was ich vielleicht einmal brauchen könnte.

☐ 3. Es ist mir fast unmöglich, eine belanglose Unterhaltung zu führen.

☐ 4. Im intellektuellen Bereich fasse ich gern verschiedene Ideen zu einem Ganzen zusammen.

☐ 5. Wenn mich jemand fragt, wie ich mich gerade fühle, dann bin ich verlegen und finde keine Worte.

☐ 6. Ich brauche viel Zeit und Privatraum für mich.

☐ 7. Ich lasse lieber andere die Initiative ergreifen.

☐ 8. Ich nehme mich oft zurück und beobachte die anderen eher aus der Distanz, als daß ich mich unmittelbar auf sie einlasse.

☐ 9. Ich neige ein bißchen zum Einzelgänger.

☐ 10. Ich bin schweigsamer als die meisten anderen Menschen und werde oft gefragt, was ich gerade denke.

☐ 11. Es fällt mir schwer, andere um etwas zu bitten.

☐ 12. Wenn ein Problem auftaucht, setze ich mich gern zuerst allein damit auseinander, und erst danach diskutiere ich es mit anderen.

☐ 13. Es fällt mir nicht leicht, mich zu behaupten und durchzusetzen.

☐ 14. Meine Probleme suche ich durch Nachdenken zu lösen.

☐ 15. Ich möchte gern alles im richtigen Verhältnis zueinander sehen, Abstand nehmen und alle Eventualitäten berücksichtigen. Wenn ich etwas übersehen habe, mache ich mir Vorhaltungen, die Angelegenheit zu simpel oder zu naiv gesehen zu haben.

☐ 16. Ich gehe mit meiner Zeit, meinem Geld und mit mir selbst eher knausrig um.

☐ 17. Ich vertrage es nicht, wenn ich für mein gutes Geld nicht den angemessenen Gegenwert bekomme.

☐ 18. Wenn ich mich über mich selbst oder über andere ärgere, bezeichne ich mich oder sie oft als „Dummkopf", „Idiot", „blöd" und so weiter.

☐ 19. Ich habe eine leise Stimme, und man bittet mich oft, lauter zu sprechen. Das irritiert mich.

☐ 20. Ich neige eher dazu, zu nehmen als zu geben.

SECHS

☐ 1. Ich mag nicht gegen den Strom schwimmen.

☐ 2. Loyalität gegenüber meiner Gruppe ist mir sehr wichtig.

☐ 3. Es fällt mir schwer, nicht mit der Autorität übereinzustimmen.

☐ 4. Ehe ich einen Entschluß fasse, hole ich zusätzliche Informationen ein, um sicherzugehen.

☐ 5. Ich brauche viel Zeit, um mich zu entschließen, da ich alle Möglichkeiten gut abwägen muß.

☐ 6. Ich frage mich gelegentlich, ob ich den nötigen Mut aufbringe zu tun, was nun einmal getan werden muß.

☐ 7. Ich muß einer Sache erst ganz sicher sein, ehe ich zu Werke gehe.

□ 8. Ich werde häufig von Zweifeln geplagt.

□ 9. Man weiß nie, was die Menschen ohne strenge Gesetze tun würden.

□ 10. Ich neige dazu, aus Pflicht- und Verantwortungsgefühl zu handeln.

□ 11. Ich brauche klar abgesteckte Grenzen, innerhalb derer ich leben und arbeiten kann.

□ 12. Ich scheine Gefahr und Bedrohung eher zu wittern als andere Menschen.

□ 13. Ich neige dazu, für eine Sache Partei zu ergreifen, und möchte genau wissen, auf welcher Seite die anderen stehen.

□ 14. Ich bemerke sehr schnell Widersprüche und reagiere empfindlich darauf.

□ 15. Ich ziehe es vor, meine Zeit genau einzuteilen und nicht einfach alles auf mich zukommen zu lassen.

□ 16. Manchmal entdecke ich mich dabei, daß ich andere Menschen danach einstufe, ob sie bedrohlich für mich sind oder nicht.

□ 17. „Vorsicht" ist ein ganz wichtiger Wert für mich.

□ 18. Mir scheint, daß ich fortwährend gegen meine Ängste angehe oder sie unterdrücke.

□ 19. Ich bin anscheinend mehr als andere darauf bedacht, mich selbst oder meine Position zu verteidigen.

□ 20. Ich stelle mir oft vor, in einer Heldenrolle oder einer ähnlichen Position zu sein.

SIEBEN

□ 1. Ich glaube, ich bin gegenüber Menschen und Motiven weniger mißtrauisch als andere.

□ 2. Es gibt wenig im Leben, an dem ich mich nicht erfreuen kann.

□ 3. Ich wünschte, andere Menschen würden das Leben nicht so schwer nehmen.

☐ 4. Alles führt zu einem guten Ende.

☐ 5. Ich mag es, wenn andere in mir den stets frohen Menschen sehen.

☐ 6. Gewöhnlich sehe ich die helle Seite an allem und beschäftige mich nicht mit den dunklen Seiten des Daseins.

☐ 7. Ich mag fast jeden Menschen, der mir begegnet.

☐ 8. Ich erzähle gern Geschichten.

☐ 9. Ich bin ein froher, relativ unbeschwerter Mensch.

☐ 10. Andere sagen, ich brächte oft erst Leben in eine Gesellschaft.

☐ 11. Ich betrachte gern die kosmischen Dimensionen von Ereignissen und versuche, hinter die universale Bedeutung von allem, was geschieht, zu kommen.

☐ 12. Mein Grundsatz lautet: Wenn etwas gut ist, ist mehr davon noch besser.

☐ 13. Ich halte es nicht für gut, lange traurig zu sein.

☐ 14. Ich verstehe es, das Leben schön und angenehm zu gestalten.

☐ 15. Ich kann das Leben genießen.

☐ 16. Ich denke mit Begeisterung an die Zukunft.

☐ 17. Ich versuche nach Möglichkeit, andere Menschen aufzuheitern.

☐ 18. Meistens versuche ich, mich aus wirklich schwierigen Situationen herauszuhalten.

☐ 19. Ich neige eher dazu, mich mehreren Vorhaben zuzuwenden, als daß ich mich auf eine Sache konzentriere und mich gründlich damit beschäftige.

☐ 20. Ich erinnere mich an eine glückliche Kindheit.

ACHT

☐ 1. Ich finde die Schwachpunkte anderer schnell heraus und vermag sie dort auch zu treffen, wenn sie mich provozieren.

☐ 2. Es macht mir nichts aus, für das zu kämpfen, was ich will.

☐ 3. Es fällt mir nicht schwer, meine Unzufriedenheit auszudrücken.

☐ 4. Ich scheue nicht die Konfrontation mit anderen.

☐ 5. Es macht mir Freude, Macht auszuüben.

☐ 6. Ich spüre sofort, wer in der Gruppe die Macht hat.

☐ 7. Ich kann mich durchsetzen und aggressiv sein.

☐ 8. Ich weiß, wie man etwas anpackt und durchzieht.

☐ 9. Ich habe Schwierigkeiten, meine zarte, sanfte „weibliche" Seite zuzulassen.

☐ 10. Ich bin leicht gelangweilt und möchte lieber in Schwung bleiben.

☐ 11. Gerechtigkeit und Ungerechtigkeit sind Schlüsselworte für mich.

☐ 12. Ich beschütze die Menschen, die mir unterstellt sind.

☐ 13. Ich bin ein Mensch, der mit beiden Beinen auf dem Boden steht.

☐ 14. Im allgemeinen mache ich mir nichts aus zu viel Selbstbetrachtung und Selbstanalyse.

☐ 15. Ich halte mich für einen Nonkonformisten.

☐ 16. Ich lasse mich nicht gern in die Enge treiben.

☐ 17. Ich mag es nicht, wenn man mir sagt, ich solle mich anpassen.

☐ 18. Ich halte mich für einen tüchtigen Arbeiter.

☐ 19. Es fällt mir schwer, die Dinge einfach laufen zu lassen.

☐ 20. Ich bin der Ansicht, andere Leute schaffen sich ihre Probleme selbst.

NEUN

☐ 1. Die meisten Menschen regen sich viel zuviel auf.

☐ 2. Die meisten Dinge im Leben sind keiner Aufregung wert.

☐ 3. Ich bin fast immer ruhig und friedfertig.

☐ 4. Ich liebe es, einfach mal nichts zu tun.

☐ 5. Ich bin ein ausgesprochen gutmütiger Mensch, mit dem man leicht umgehen kann.

☐ 6. Ich kann mich nicht erinnern, wann ich das letzte Mal eine schlaflose Nacht hatte.

☐ 7. Trotz einiger Unterschiede meine ich doch, daß die Menschen im Grunde alle gleich sind.

☐ 8. Normalerweise reagiere ich nicht mit allzu großem Enthusiasmus.

☐ 9. Es ist nichts so wichtig, als daß es nicht bis morgen warten könnte.

☐ 10. Ich brauche Anstöße, Impulse und Anregungen von außen, um mich engagieren zu können.

☐ 11. Ich hasse es, meine Energie für etwas zu verschwenden, und sehe immer zu, daß ich alles mit dem geringsten Kraftaufwand erreiche.

☐ 12. Meine Einstellung ist: Ich lasse mich nicht aus der Fassung bringen.

☐ 13. Ich kann gut ein neutraler Schiedsrichter sein; denn die eine Seite hat genausoviel für sich wie die andere.

☐ 14. Ich hasse Unruhe und Aufregung.

☐ 15. Normalerweise folge ich dem Weg des geringsten Widerstandes.

☐ 16. Ich bin stolz darauf, beständig zu sein.

☐ 17. Ich neige dazu, Dinge herunterzuspielen, um andere zu beruhigen.

☐ 18. Ich nehme mich selbst nicht zu wichtig.

☐ 19. Ich habe keine Schwierigkeiten, aufmerksam zuzuhören.

☐ 20. Ich sage mir: Warum soll ich stehen, wenn ich sitzen kann, und warum soll ich sitzen, wenn ich mich hinlegen kann?

Anhang 2
Die 38 Blütenmittel

Dieser Blüten-Essenzen-Führer nach Dr. Bach kann als Hilfsmittel bei der Zusammenstellung der Blütenkombinationen verwendet werden.* Entsprechend der Typologie des Enneagramms unterteilen wir in:

1. die neun Blüten der Persönlichkeit,
2. die 16 Blüten, die die Behandlung der Persönlichkeit unterstützen, und
3. die 14 Blüten für spezifische Situationen (inklusive *Rescue Remedy*).

1. Die neun Blüten der Persönlichkeit

Chicory – Nr. 8
Wegwarte
Cichorium intybus

Für diejenigen, die oft an die Bedürfnisse anderer denken und sich besonders intensiv um Kinder, Familienangehörige und Freunde kümmern möchten. Sie finden immer etwas, das sie in Ordnung bringen können, und genießen es, ständig das zu korrigieren, was ihnen falsch erscheint. Die Menschen, für die sie sorgen, möchten sie in ihrer Nähe haben.

---

* Die Interpretation der Blütenmittel erfolgt nach Dr. Edward Bach, „The Twelve Healers", Safron Walden 1991, und Julian Barnard, „Blüten für die Seele", Integral Verlag, Wessobrunn 1987, woraus wir auch die Numerierung übernehmen.

Heather – Nr. 14
(Schottisches) Heidekraut
Calluna vulgaris

Für die, die immer die Gesellschaft irgendwelcher Menschen suchen und mit anderen – wer es auch sein mag – über ihre Probleme diskutieren wollen. Diese Menschen werden unglücklich, wenn sie einige Zeit allein bleiben müssen.

Oak – Nr. 22
Eiche
Quercus robur

Für die, die sich auch im täglichen Leben sehr anstrengen und für ihren Erfolg kämpfen. Selbst wenn eine Situation aussichtslos erscheint, lassen sie keine Möglichkeit ungenutzt und wollen nicht aufgeben.

Sie lassen einfach nicht locker. Hindert sie ein Umstand oder eine Krankheit daran, sich ihren Aufgaben zu widmen oder anderen zu helfen, werden sie unzufrieden.

Es sind mutige Menschen, die auch gegen große Schwierigkeiten ankämpfen, ohne dabei die Hoffnung zu verlieren.

Rock Water – Nr. 27
Wasser aus heilkräftigen Quellen
Aqua petra

Für die, die streng mit sich umgehen; sie gönnen sich selbst wenig Freude und Vergnügen, weil sie fürchten, dies könnte sie von ihrer Arbeit abhalten.

96

Sie üben sich in großer Selbstdisziplin. Sie wollen gut, stark und aktiv sein und tun alles dafür, um so zu bleiben. Dabei hoffen sie, anderen als Vorbild zu dienen und diese dazu zu bringen, ihren Ideen zu folgen und so zu besseren Menschen zu werden.

Vervain – Nr. 31
Eisenkraut
Verbena officinalis

Für die, die festgelegte Ansichten haben, die sie als richtig erachten und deshalb nur äußerst selten ändern.

Sie wollen andere Menschen von ihren Prinzipien überzeugen und besitzen dabei große Willenskraft und viel Mut.

Wenn sie krank sind, kämpfen sie auch dann weiter, wenn andere schon längst aufgegeben hätten.

Vine – Nr. 32
Weinrebe
Vitis vinifera

Für selbstsichere Menschen, die auf ihre Fähigkeiten und den Erfolg vertrauen.

Da sie so überzeugt von sich sind, glauben sie, es wäre für andere nur gut, so zu handeln wie sie beziehungsweise wie sie es für richtig halten. Selbst wenn sie krank sind, können sie noch diejenigen, die sie betreuen, herumdirigieren.

Dafür sind sie in Notfällen sehr wertvolle Helfer.

Water Violet – Nr. 34
Sumpfwasserfeder
Hottonia palustris

Für die, die – gesund oder krank – gern allein sind. Es sind sehr stille Menschen, die man kaum hört und die wenig reden. Sie sind sehr unabhängig, fähig und selbstsicher und lassen sich von fremden Meinungen kaum beeinflussen. Mit ihrem distanzierten Wesen lassen sie andere in Ruhe und gehen ihre eigenen Wege. Oft sind es intelligente und talentierte Menschen, die mit ihrer friedlichen Ausstrahlung beruhigend auf die Umgebung wirken.

Wild Rose – Nr. 37
Heckenrose
Rosa canina

Für die, die scheinbar grundlos gleichgültig demgegenüber geworden sind, was um sie herum geschieht, die sich treiben lassen und das Leben so nehmen wollen, wie es ist. Sie bemühen sich nicht um eine Verbesserung ihrer Lage, nicht einmal darum, mehr Freude zu haben. Im Kampf mit dem Leben haben sie einfach resigniert.

Willow – Nr. 38
Dotterweide, Weide
Salix vitellina

Für die, denen ein Unglück oder etwas Unangenehmes zugestoßen sein mag, was sie nur schwer akzeptieren können, da sie das Leben nach dem Erfolg beurteilen, den es einbringt.

Sie meinen, sie hätten einen so großen Rückschlag nicht verdient, empfinden dies als ungerecht und reagieren verbittert. So können sie an Dingen, die ihnen früher viel bedeuteten, das Interesse verlieren.

2. Die 16 Blüten, die die Behandlung der Persönlichkeit unterstützen

Agrimony – Nr. 1
Odermennig
Agrimonia eupatoria

Für gutmütige, lebhafte, humorvolle Menschen, die sehr harmoniebedürftig sind, deshalb bei Diskussionen und Streitereien unglücklich werden und lieber darauf verzichten.

Wenn diese Personen auch häufig Probleme und Sorgen haben und dies geistig und körperlich spüren, so verbergen sie doch ihre trüben Gedanken hinter einer Maske von Humor und Späßen und sind deshalb sehr beliebt. Oftmals trinken sie Alkohol oder nehmen exzessiv Drogen, um sich zu stimulieren und Kummer leichter zu ertragen.

Aspen – Nr. 2
Espe
Populus tremula

Für vage Ängste, für die es keine Erklärung und keinen Grund zu geben scheint. Der Patient kann sich auch vor künftigen Ereignissen fürchten, ohne genau zu wissen, was das sein wird, und sich so regelrecht von Ängsten verfolgt fühlen. Die

Betroffenen fürchten sich davor, anderen ihre Sorgen mitzuteilen.

Beech – Nr. 3
Rotbuche
Fagus sylvatica

Für die, die die Notwendigkeit spüren, mehr Schönes und Gutes um sich herum zu sehen. Sie möchten lernen, auch in scheinbaren Fehlschlägen die positive Seite zu erkennen. Dann können sie toleranter, nachsichtiger und verständnisvoller gegenüber den unterschiedlichen Wegen sein, die jedes Individuum hin zu seiner Vollkommenheit führen.

Centaury – Nr. 4
Tausendgüldenkraut
Centaurium umbellatum

Für empfindliche, schweigsame und sanfte Menschen, die darauf aus sind, anderen zu dienen. In dem Wunsch zu gefallen überschätzen sie ihre eigene Stärke.

Ihre Bedürftigkeit ist so groß, daß sie fast zu Sklaven statt zu freiwilligen Helfern werden. Ihre Gutmütigkeit läßt sie mehr Aufgaben erfüllen, als sie verkraften, und so vernachlässigen sie schließlich ihre eigene Lebensaufgabe.

Cerato – Nr. 5
Bleiwurz
Ceratostigma wilmottiana

100

Für die, die nicht genügend Selbstvertrauen haben, um eigene Entscheidungen zu treffen.

Sie fragen andere ständig um Rat und werden oftmals von ihrem Weg abgelenkt.

Chestnut Bud – Nr. 7
Knospe der Roßkastanie
Aesculus hippocastanum

Für die, die aus Beobachtungen und Erfahrungen zu wenig Nutzen ziehen und deshalb mehr Zeit als andere brauchen, die Lektionen des täglichen Lebens zu lernen.

So machen sie immer wieder die gleichen Fehler – obwohl doch einmal ausreichend wäre oder das Beobachten anderer ihnen dabei helfen könnte, die Fehler zu vermeiden.

Clematis – Nr. 9
Gemeine Waldrebe
Clematis vitalba

Für träumerische Menschen, die nie völlig wach zu sein scheinen und am Leben wenig Interesse zeigen. Sie sind ruhig, nicht sonderlich zufrieden mit der Gegenwart und leben so mehr in der Zukunft in Hoffnung auf glücklichere Zeiten, in denen ihre Ideale wirklich werden mögen. Einige dieser Menschen unternehmen im Krankheitsfall wenig, um gesund zu werden, und sehnen im Extremfall sogar den Tod herbei, in der Hoffnung auf bessere Umstände oder weil sie sich wünschen, eine geliebte Person, die sie verloren haben, wiederzusehen.

Crab Apple – Nr. 10
Holzapfel
Malus pumila

Dies ist ein reinigendes Mittel für Menschen, die das Gefühl haben, etwas Unsauberes an sich zu haben.

Manchmal handelt es sich um etwas von geringer Bedeutung; es kann aber auch eine schwerere Krankheit sein, die im Vergleich zu der Abscheu vor sich selbst quasi unbeachtet bleibt.

In beiden Fällen erscheint diesen Menschen ihr Gefühl, unrein zu sein, so bedeutend, daß sie ängstlich darauf bedacht sind, es loszuwerden und davon geheilt zu sein.

Sie sind sehr niedergeschlagen, wenn die Behandlung fehlschlägt.

Dieses Heilmittel reinigt und klärt die Wunden, auch wenn der Patient glaubt, irgendein giftiger Stoff sei eingedrungen.

Gentian – Nr. 12
Bitterer Enzian
Gentiana amarella

Für die, die rasch entmutigt sind. Diese Menschen können während einer Rekonvaleszenz zufriedenstellende Fortschritte machen und auch in ihrer täglichen Arbeit gut vorankommen, fangen aber beim kleinsten Zwischenfall oder Hindernis an zu zweifeln und werden mutlos.

Holly – Nr. 15
Stechpalme
Ilex aquifolium

Für die, die sich manchmal negativen Zuständen wie Neid-
gefühlen, Eifersucht, Rachsucht oder Mißtrauen ausgesetzt
sehen. Für die verschiedenen Arten von Verdruß.

Solche Personen können sehr leiden, auch wenn es oft keinen
realen Grund für ihr Unglücklichsein gibt.

Honeysuckle – Nr. 16
Geißblatt
Lonicera caprifolium

Für die, die stark in der Vergangenheit, vielleicht in glücklicher-
ren Zeiten, leben, Erinnerungen an einen verstorbenen
Freund nachhängen oder einem Wunschtraum nachtrauern.
Sie erwarten kaum, daß sie noch einmal so glücklich sein
könnten wie damals.

Impatiens – Nr. 18
Drüsentragendes Springkraut
Impatiens glandulifera

Für die, die schnell im Denken und Tun sind, die wollen, daß
alles reibungslos abläuft. Wenn sie krank sind, wollen sie
schnellstmöglich wieder gesund werden.

Es fällt ihnen sehr schwer, mit langsamer reagierenden Menschen Geduld zu haben, denn dies halten sie für eine Zeitver-

schwendung und damit für falsch; also bemühen sie sich, andere zu mehr Schnelligkeit anzutreiben.

Oft arbeiten und überlegen sie lieber allein, damit sie alles in ihrem eigenen Tempo erledigen können.

Larch – Nr. 19
Lärche
Larix decidua

Für die, die sich für weniger tüchtig und weniger fähig als ihre Umgebung halten. Sie warten geradezu auf Mißerfolg, denn sie haben das Gefühl, nie etwas richtig zu machen. Deshalb gehen sie kein Risiko mehr ein und strengen sich nicht genug an, um ein gutes Ergebnis zu erzielen.

Scleranthus – Nr. 28
Einjähriger Knäuel
Scleranthus annuus

Für die, die sich nicht zwischen zwei Sachen entscheiden können und einmal hierhin, einmal dorthin tendieren.

Im allgemeinen sind es ruhige, stille Menschen, die ihre Probleme alleine tragen, da sie nicht dazu bereit sind, sie anderen mitzuteilen.

Star of Bethlehem – Nr. 29
Doldiger Milchstern
Ornithogalum umbellatum

104

Für Menschen in Notsituationen, die größere Auswirkungen auf die Psyche haben. Dazu gehört der Schock nach einer schlimmen Nachricht, der Verlust eines geliebten Wesens, Angst nach einem Unfall und dergleichen mehr.

Auch denen, die eine Zeitlang keinen Trost annehmen konnten, bringt dieses Blütenmittel Erleichterung.

Walnut – Nr. 33
Walnuß
Juglans regia

Für die, die im Leben klar definierte Ideale und Ziele haben und diese auch konkretisieren, aber manchmal in Versuchung kommen – angesichts der Begeisterung, der Überredungen oder überzeugenden Meinung anderer –, ihren eigenen Idealen und Zielen untreu zu werden und die eigene Arbeit zu vernachlässigen.

Dieses Heilmittel ermöglicht Beständigkeit und schützt vor äußeren Einflüssen.

3. Die 14 Blüten für spezifische Situationen

Cherry Plum – Nr. 6
Kirschpflaume
Prunus cerasifera

In Extremsituationen, wenn man Angst davor hat, verrückt zu werden vor Verzweiflung, die Kontrolle zu verlieren oder aus

105

dem Affekt heraus etwas Unüberlegtes zu tun. Zwanghafte Handlungsweisen, Wahnvorstellungen.

Elm – Nr. 11
Ulme
Ulmus procera

Für die, die gute Arbeit leisten, ihrer Berufung folgen und darauf hoffen, etwas Wichtiges zum Wohl der Menschheit zu tun.

Es können Depressionen auftreten, wenn diese Menschen spüren, daß die Aufgabe, die sie sich gestellt haben, zu schwierig ist und ihre Kräfte übersteigt.

Gorse – Nr. 13
Stechginster
Ulex europaeus

Es ist ein geeignetes Heilmittel in Fällen großer Hoffnungslosigkeit für Menschen, die nicht mehr daran glauben, daß ihnen geholfen werden kann.

Ihren Mitmenschen zuliebe können diese Personen sich dazu überreden lassen, verschiedene Behandlungen auszuprobieren, versichern dabei aber gleichzeitig, daß es ja doch nichts helfen wird.

Hornbeam – Nr. 17
Hainbuche
Carpinus betulus

Hilft denen, die spüren, daß ihre Kraft derzeit nicht ausreicht, um die Last des Alltags zu tragen; ihre Pflichten erscheinen übermäßig groß, auch wenn sie bisher zufriedenstellend erfüllt werden konnten.

Für diejenigen, die glauben, daß Geist oder Körper erst eine Stärkung brauchen, bevor sie wieder ihrer Arbeit gewachsen sind.

Mimulus – Nr. 20
Gefleckte Gauklerblume
Mimulus guttatus

Bei Furcht vor „faßbaren" Dingen, wie Krankheit, Schmerzen, Unfällen, Armut, der Dunkelheit, dem Alleinsein und Unglück. Bei Alltagsängsten.

Für Menschen, die ihre Ängste mit sich herumtragen und sie nicht aussprechen können.

Mustard – Nr. 21
Ackersenf
Sinapis arvenis

Für die, die an periodischer Depression, an Melancholie leiden, sich fühlen, als ob eine dunkle Wolke über ihnen schwebte, die das Licht und die Freude des Lebens verdeckt. Für diese Krisen gibt es möglicherweise keinen erkennbaren Grund und keine Erklärung.

Während dieser Phase scheint es fast unmöglich, wieder glücklich oder heiter zu sein.

Olive – Nr. 23

Olive
Olea europaea

Für die, die nach großen Anstrengungen geistig und körperlich so erschöpft und ausgelaugt sind, daß ihnen die Kräfte fehlen, um irgend etwas zu tun. Das Alltagsleben erscheint ihnen anstrengend und freudlos.

Pine – Nr. 24

Kiefer, Föhre
Pinus sylvestris

Für die, die zu Selbstvorwürfen neigen. Auch wenn ihnen etwas gut gelingt, meinen sie, sie hätten es noch besser machen können; sie sind weder mit ihren Bemühungen noch mit den erzielten Ergebnissen zufrieden. Sie arbeiten zuviel und leiden unter den Fehlern, die sie sich selbst zuschreiben.

Diese Menschen fühlen sich auch für die Irrtümer anderer verantwortlich.

Red Chestnut – Nr. 25

Rote Kastanie
Aesculus carnea

Für Menschen, die sich ständig um andere Leute Sorgen machen.

Oftmals kümmern sie sich nicht um sich selbst, sondern haben Angst um die Menschen, die sie lieben, und befürchten, daß ihnen ein Unglück zustoßen könnte.

Rock Rose – Nr. 26
Gemeines Sonnenröschen
Helianthemum nummularium

Es ist das Heilmittel für Notfälle, die hoffnungslos zu sein scheinen. Bei Unfällen, plötzlichen Krankheiten, in Momenten sehr großer Angst oder wenn der Krankheitszustand schlimm genug ist, um die Umgebung in Angst zu versetzen. Wenn der Kranke bewußtlos ist, kann man seine Lippen mit diesem Heilmittel befeuchten. Auch andere Blütenmittel können dann angezeigt sein; zum Beispiel *Clematis* im Fall von Bewußtlosigkeit oder bei tief schläfrigem Zustand; *Agrimony,* wenn der Patient starke Schmerzen hat, und dergleichen mehr.

Sweet Chestnut – Nr. 30
Edelkastanie
Castanea sativa

Für extreme Zustände, in denen der seelische Schmerz so groß wird, daß er völlig unerträglich erscheint. Wenn Geist oder Körper die Grenze der Belastbarkeit erreicht haben.

Wenn man nur noch Zerstörung und Vernichtung um sich sieht.

White Chestnut – Nr. 35
Weiße Kastanie
Aesculus hippocastanum

Für die Menschen, die sich nicht davor schützen können, daß ständig unerwünschte Gedanken, Ideen und Argumente in ihr Bewußtsein dringen. Dies geschieht gewöhnlich in Zeiten, in denen das Interesse am Augenblick nicht stark genug ist, um die volle Aufmerksamkeit zu fesseln.

Die Probleme lassen diese Menschen nicht los, die Gedanken scheinen sich im Kreis zu drehen und können echte Qualen verursachen.

Die ständige Beschäftigung mit den immergleichen Problemen macht unruhig und verhindert die Konzentration auf die Arbeit oder die täglichen Zerstreuungen.

Wild Oat – Nr. 36
Waldtrespe
Bromus ramosus

Für die, die etwas Wichtiges im Leben erreichen wollen. Sie möchten viele Erfahrungen sammeln, alles genießen, was sich ihnen bietet, und aus dem vollen schöpfen.

Ihr Problem besteht darin, sich zu entscheiden, welche Beschäftigung sie ausüben möchten, denn trotz ihres starken Ehrgeizes fühlen sie sich nicht zu etwas Höherem berufen.

Dies kann für sie Verzögerungen und Unzufriedenheit bedeuten.

Rescue Remedy
Notfalltropfen

Heilmittel für alle Situationen

110

Eine Kombination aus *Cherry Plum, Clematis, Impatiens, Rock Rose* und *Star of Bethlehem.* Wird in allen traumatischen und schwierigen Situationen empfohlen. Auch als Creme zur äußerlichen Anwendung erhältlich.

Anmerkungen

1 Zitiert nach Shah, Idries: Die Sufis – Botschaft der Derwische, Weisheit der Magier, Diederichs, München 1976

2 Bach, Edward: Blumen, die durch die Seele heilen, Hugendubel, München 1992, S.111

3 ebenda, Seite 112

4 ebenda, Seite 119 f.

5 ebenda, Seite 121

6 Das verwendete Enneagramm entnehmen wir dem Werk: Das wahre Selbst entdecken. Eine Einführung in das Enneagramm von Maria Beesing, Robert J. Nogosek und Patrick H. O'Leary, erschienen im Echter Verlag, Würzburg 1992

7 Bach, Edward, a. a. O., Seite 30

8 ebenda, Seite 146 f.

9 ebenda, Seite 131

Literaturhinweise

Dirk Albrodt: Gesund durch Blütenessenzen (Laredo, München 1990)

Edward Bach: Blumen, die durch die Seele heilen (Hugendubel, München 1979)

Edward Bach: Von der Homöopathie zu den Bach-Blüten – die gesammelten Werke, ausgewählt von Julian Barnard (Aquamarin, Grafing 1988)

Julian Barnard: Blüten für die Seele (Integral, Wessobrunn 1987)

Götz Blome: Mit Blumen heilen, mit einem Teil über Astrologie und Bachblüten, (Bauer Verlag, Freiburg 1985)

Götz Blome: Das neue Bach-Blüten-Buch (Bauer Verlag, Freiburg 1992)

Richard Katz, Patricia Kaminski: Blütenessenzen, Reportorium ihrer Wirkungsweisen (Neuauflage, Laredo, München 1992)

Dietmar Krämer: Neue Therapien mit Bach-Blüten – Band 1–3 (Ansata, Interlaken 1989–91)

Beatrice C. Müller, Siegfried Köpfer: Blütenbilder, Seelenbilder – 39 Farbfotokarten mit Anleitungsbuch (Aurum, Braunschweig 1991)

Mechthild Scheffer: Bach-Blütentherapie – Theorie und Praxis (Hugendubel, München 1981)

Mechthild Scheffer: Erfahrungen mit der Bach-Blütentherapie (Hugendubel, München 1984)

Herbert Thelesklaf: Blüten heilen Kinderseelen (Laredo, München 1991)

Gregory Vlamis: Die heilenden Energien der Bach-Blüten (Aquamarin, Grafing 1987)

*

Maria Beesing, Robert J. Nogosek, Patrick H. O'Leary: Das wahre Selbst entdecken. Eine Einführung in das Enneagramm (Echter, Würzburg 1992)

Andreas Ebert, Richard Rohr u. a.: Erfahrungen mit dem Enneagramm. Sich selbst und Gott begegnen (Claudius, München 1991)

Georges Iwanowitsch Gurdjieff: Beelzebubs Erzählungen für seine Enkel (Sphinx, Basel 1991)

Eli Jaxon-Bear: Die neun Zahlen des Lebens. Das Enneagramm – Charakterfixierung und spirituelles Wachstum (Knaur, München 1989)

Margaret Frings Keyes: Transformiere deinen Schatten. Die Psychologie des Enneagramms (Rohwolt, Reinbeck 1992)

P. D. Ouspensky: Auf der Suche nach dem Wunderbaren (O. W. Barth, Freiburg 1988)

Helen Palmer: Das Enneagramm. Sich selbst und andere verstehen lernen (Knaur, München 1988)

Richard Riso: Die neun Typen der Persönlichkeit und das Enneagramm (Knaur, München 1989)

Eliane Egpy Ganem

Die brasilianische Schriftstellerin Eliane Ganem hat bisher
13 Bücher im Bereich der Belletristik veröffentlicht und mehr-
fach Auszeichnungen für ihr literarisches Werk erhalten.

Mit *Blüten der Erkenntnis* legt sie ihr erstes Sachbuch vor und
läßt uns an ihrer eigenen Suche und Spiritualität teilhaben. Als
Sufi-Anhängerin wurde ihr das Wissen des Enneagramms
vermittelt. Ihr weiterer Weg führte sie nach Indien zu ihrem
Meister Osho.

Sie arbeitet als Lebensberaterin und „Therapeutin für die
Seele", unter anderem auch mit dem Tarot. Ihre Erfahrungen
aus dem Zusammenspiel von Enneagramm und Bachblüten
gibt sie in zahlreichen Seminaren und Einzelsitzungen weiter.

Information der „Healing Herbs Ltd.":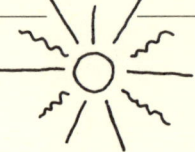

Die englische Firma „Healing Herbs Ltd.", eine Gründung des Bachblüten-Forschers und -Praktikers **Julian Barnard**, bietet als unabhängiger Hersteller die Blüten-Essenzen an:

HEALING HERBS

Die 38 Blütenessenzen – „zubereitet nach den Original-Vorschriften von Dr. Edward Bach". Ein Informationsblatt wird mitgeliefert.

Bezugsquellen in Deutschland, Österreich und der Schweiz erfragen Sie bitte bei:
Healing Herbs Ltd., att.: Martine Barnard, P.O. Box 65, Hereford, HR2 OUW, England.
(Anfragen in englisch oder deutsch).

Information der „Doktor Bach"-Blüten-Essenzen Handelsgesellschaft mbH:

Derzeitige Bezugsmöglichkeiten in Deutschland
Bestellungen [der Konzentrate] können in jeder Apotheke unter Angabe dieser Adresse und Vorlage eines Privat-Rezeptes Ihres Hausarztes aufgegeben werden (da die Konzentrate aus England kommen, kann es in Einzelfällen zu längeren Lieferfristen kommen):

„Doktor Bach"-Blüten-Essenzen Handelsgesellschaft mbH:
Eppendorfer Landstraße 32, 2000 Hamburg 20
Telefon: (0 40) 46 10 41, Telefax: (0 40) 47 80 48

Derzeitige Bezugsmöglichkeiten in der Schweiz
Innerhalb der Schweiz sind die Bach-Blüten-Konzentrate in Apotheken und Drogerien *rezeptfrei* zu kaufen. In Zweifelsfällen richten Sie bitte Ihre Anfrage an das Dr. Edward Bach Centre, Swiss Office, Alte Landstrasse 57, CH-8700 Küßnacht, Tel. (41) 1-9 11 09 11

Derzeitige Bestellmöglichkeiten in Österreich
Informationen erhalten Sie durch: Arbeitskreis für Bachblütentherapie,
Dr. Edward Bach Centre, Austrian Office, Grinzinger Allee 15, A 1190 Wien,
Telefon (43) 222-32 78 36. Bitte wenden Sie sich wegen Bezugsmöglichkeiten an:
Apotheke zum Schwan, Magister Doskar, Schottenring 14, A 1010 Wien.

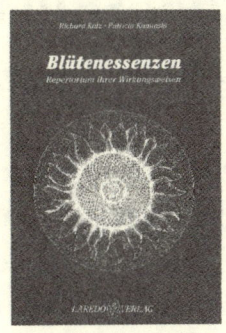

Gesund sein darf

Wir hoffen, daß dieses Buch Sie inspiriert hat, sich mehr mit der heilenden Kraft der Pflanzen zu beschäftigen und daß es Sie anregt, Hilfsmittel kennenzulernen, durch die Sie sich selbst in all Ihrer Schönheit und Komplexität besser erkennen und verstehen können.

Das beste Einsteigerbuch zum Thema Bachblüten ist seit mehreren Jahren *Julian Barnards* Klassiker **Blüten für die Seele**. Dieses unterhaltsam geschriebene, aber mit vielen Informationen geladene Bachblüten-Brevier für die ersten Schritte nimmt Sie behutsam mit auf eine Entdeckungsreise in die Welt der Pflanzen und in Ihre eigene Seele.

Daß auch andere Pflanzen gehirnaktive Substanzen enthalten, die helfen, das optimale Funktionieren unseres wichtigsten Organs zu gewährleisten, beschreibt der Wissenschaftsautor *Johannes Holler* in seinem Buch

Power für die grauen Zellen. Er zeigt aber auf seine leichtverständliche Art auch, wie sich durch richtige Ernährung, gezielte Gymnastik und Denksport bis ins hohe Alter ein geistiges Leistungsniveau erreichen läßt, von dem selbst viele junge Menschen heute nur träumen.

Ein Mann, der sich die Erforschung des inneren Universums zur Lebensaufgabe gemacht hat, ist der Symbolforscher *James Wanless*. Das von ihm geschaffene **Voyager Tarot** ist ein einzigartiges Instrument zur Entwicklung der eigenen Intuition und zu spielerischer Selbsterkenntnis. Dank dieser LebensReiseKarten ist es nicht nötig, einen Experten aufzusuchen, um sich das Tarot legen zu lassen. Die wunderschön gestalteten Karten sind ein visueller Leckerbissen und regen zu Einsichten in Hülle und Fülle an; das beigefügte 96seitige Begleitbuch enthält alles Notwen-

. . . Selbsterkenntnis

Spaß machen...

dige, um dem Neuling den Einstieg in das Reich des Unbewußten zu ermöglichen und dem erfahrenen Anwender neue Einsichten zu gewähren.

Wer glaubt, das Tarot gehöre neben Kristallkugeln und Kaffeesatz in muffige Hinterzimmer, beraubt sich selbst eines Instruments, das dem Anwender die Mittel in die Hand gibt, eine kühne Vision seiner beruflichen und persönlichen Zukunft zu entwickeln und diese zu verwirklichen. Das zeigt *James Wanless* in seinem fünften Buch **Intuition im Business.** Wer im Berufsleben erfolgreich sein will, braucht heute mehr denn je Selbsterkenntnis und Intuition. Da selbstbestimmte Arbeitsprozesse immer mehr zur Regel werden, Kreativität zur unabdingbaren Vorbedingung für jedes berufliche Vorankommen wird und sich ohne fundierte Menschenkenntnis niemand mehr für Führungspositionen qualifizieren kann, gewin-

nen Methoden, die Einsichten in das eigene Wesen fördern, immer mehr an Bedeutung. Das **Voyager** – ein vom esoterischen Ballast befreites **Tarot** – ist eine solche Methode.

Mit Vitaminen und Mineralstoffen, Notfalltropfen und anderen Blütenessenzen ausgerüstet und mit Enneagramm und Voyager, den Landkarten der menschlichen Seele, versehen, sind Sie nun bereit, zur Reise in den inneren Raum aufzubrechen. Wir wünschen Ihnen dafür alles Gute.

und Erfolg auch

☐ Bitte senden Sie mir das **Gesamtverzeichnis** des Verlags zu.

Ich interessiere mich für:

☐ Seminare über **Die Fünf »Tibeter«** und erbitte die Liste der Kursleiter, und das »Tibeter«-Ausbildungsprogramm.
(Bitte einen mit DM 2,– frankierten und adressierten Rückumschlag beilegen)

☐ Ich bin grundsätzlich an Veranstaltungen und Lesungen des Verlags interessiert und bitte um Mitteilung.

Integral. Volkar-Magnum.
Verlagsgesellschaft mbH
Leser/innen-Service
Postfach 05

D-82405 Wessobrunn

Name _____

Vorname _____

Straße _____

PLZ, Ort _____

Tätigkeit _____

Alter _____